인생교과서

무함마드

KI신서 6115
인생교과서 무함마드

1판 1쇄 인쇄 2015년 7월 3일
1판 1쇄 발행 2015년 7월 10일

지은이 / 최영길
공편 / 재단법인 플라톤 아카데미
펴낸이 / 김영곤 펴낸곳 / (주)북이십일 21세기북스
인문기획팀장 / 정지은
책임편집 / 양으녕
디자인 / 씨디자인
영업본부장 / 안형태 영업 / 이경희 권장규 정병철 오하나
마케팅본부장 / 이희정 마케팅 / 민안기 김홍선 백세희
홍보기획실장 / 김혜영 온라인마케팅 / 김영남 최수아 이여진 임규화 김솔이

출판등록 2000년 5월 6일 제10-1965호
주소 (우 413-120) 경기도 파주시 회동길 201(문발동)
대표전화 031-955-2100 팩스 031-955-2151
이메일 book21@book21.co.kr 홈페이지 www.book21.com
트위터 @21cbook 블로그 b.book21.com 페이스북 facebook.com/21cbook

ISBN   978-89-509-6062-9 04100
       978-89-509-6064-3 04100 (세트)

삶에 대한 궁극의 질문과 답 **04**

인생교과서

무함마드

생각대로 말하고, 말한 대로 행동하라

최영길

21세기북스

이 책을 읽기 전에

● 『인생교과서』 시리즈는 인류의 위대한 스승 19명에게 묻고 싶은 인생의 질
  문에 대해 각 계의 대한민국 대표 학자들이 답하는 형식으로 이루어져 있다.
  "삶이란 무엇인가", "행복이란 무엇인가", "죽음이란 무엇인가" 등 인생의
  화두라 할 수 있는 질문에 대해 저마다 어떻게 생각했는지 비교하며 살펴볼
  수 있다.

● 『인생교과서 무함마드』는 최영길(명지대학교 아랍지역과 명예교수, (재)한국이
  슬람교 이사장)의 글로 구성되었다. 이 책을 읽고 마지막 25번째의 질문은 여
  러분 스스로 만들어보고, 이에 대한 답을 생각해보는 기회를 가져도 좋을 것
  이다.

● 본문에 인용된 『무함마드의 언행록』은 이슬람교 경전인 『꾸란』에 근거한 무
  슬림들의 인생교본이라 할 수 있는 『하디스(Hadith)』를 우리말로 풀이하여
  표현한 것으로, 『예언자 무함마드의 언행록 1~3』(사히흐 알부카리 저, 최영
  길 역, 알림, 2010) 및 『다양한 이슬람 이야기 1~5』(최영길 저, 알림, 2009)를
  참고하여 저자가 직접 번역하였다.

4

발간사

현자 19人이 목숨 걸고
사유한 인생의 질문과 답

김상근
플라톤 아카데미 연구 책임 교수
플라톤 아카데미 총서 책임 편집장

2010년에 설립된 재단법인 '플라톤 아카데미Academia Platonica'는 인문학 연구 역량을 심화시키고, 탁월함Aretē의 추구라는 인문 정신의 사회적 확산을 위해 설립된 공익 재단입니다. 재단의 출연금을 조성하신 분의 의지에 따라 '기부자 개인이나 관련 기업의 홍보는 일절 하지 않는다' 는 방침을 세웠고, 설립 이후 오 년 동안 이 원칙을 지켜 왔습니다. 대학의 사명이라 여겨졌던 인문학 연구의 심화 와 확산을 한 기업가가 돕겠다고 나선 것은 인문학 공부 가 주는 의미와 효과 때문일 것입니다. '플라톤 아카데미' 라는 이름처럼, 저희 재단은 그리스 철학자 플라톤이 제 기한 인문학 공부의 의미와 그 효용성을 널리 전하고자 했습니다.

플라톤은 『국가』 제7권에서 유명한 '동굴의 비유'를 통해 국가 수호자가 갖추어야 할 덕목과 그들이 받아야 할 지도자 교육에 대해 설명했습니다. 그는 스승인 소크라테스의 입을 통해 "우리의 관심사는 국가 안에서의 특정 계급의 특별한 행복이 아니라, 전체의 행복이라는 것"을 강조합니다. 우리 재단의 설립자가 아무 대가를 바라지 않고 인문학의 심화와 확산을 시도하는 것은 바로 이러한 '전체의 행복'을 지향하기 때문입니다.

인문학 공부는 개인에게도 큰 도움이 됩니다. 소크라테스의 입을 빌려 말한다면, 인문학이 '철학과 공무 양쪽에다 참여할 수 있는 능력'을 제공해주기 때문입니다. 재단법인 플라톤 아카데미가 추구하는 인문학은 국가와 사회 전체의 행복을 추구하는 공적 성격을 지니면서, 동시에 개인의 공무 처리 능력을 함양한다는 점에서 사적 유익도 분명히 존재합니다. 플라톤은 그런 인문학적 사유의 사적 유익을 다음과 같이 표현했습니다.

"여러분은 차례대로 동료 시민들의 거처(동굴)로 내려가서 어둠에 싸인 사물들을 보는 일에 익숙해지지 않으면 안 되오. 일단 익숙해지면 여러분은 그것들을 그곳에 있는 사람들보다 월등히 더 잘 보게 될 것이며, 모든 영상映像을 그것이 무엇이며, 어디서 왔는지 식별할 수 있을 테니 말이오. 여러분은 아름다움과 정의와 선에 관하여 진리를 보았기 때문이오."

재단법인 플라톤 아카데미는 '나는 누구인가?'에 대한 인문학적 성찰에서 출발해 '어떻게 살 것인가?'라는 질문으로 시작하는 타자에 대한 사회적 존재로서의 책임과 전체의 행복을 추구합니다. 이러한 공공성의 확보는 우리 모두 '철학과 공무에 다 참여할 수 있는 능력'을 함양하는 유익을 제공합니다. 따라서 재단법인 플라톤 아카데미를 통한 인문학의 심화와 확산 사업은 기부자와 그 기부의 혜택을 받는 우리 모두에게 의미와 유익을 주는 학문적 성찰이라 하겠습니다.

재단법인 플라톤 아카데미는 공공성과 개인적 유익을 확대하기 위해 지난 삼 년 동안 새로운 사업을 추진해왔습니다. 인류의 스승이라 할 수 있는 현자 19명(부처, 공자, 예수, 무함마드, 호메로스, 플라톤, 아리스토텔레스, 아우구스티누스, 장자, 이황, 간디, 데카르트, 니체, 칸트, 헤겔, 미켈란젤로, 베토벤, 톨스토이, 아인슈타인)을 오늘의 시점으로 소환하여 그들과 상상의 대화를 나누는 것이었습니다. 그들의 면면은 인류의 현자라 불리기에 손색이 없습니다.

위대한 현자들에게 삶이란 무엇인지, 행복이란 무엇인지 등 인생의 본질적인 질문들을 물어보고, 그들은 이러한 질문에 대해 어떻게 생각했을지 살펴보기로 했습니다.

이를 위해 우리나라 인문학계에서 해당 인물을 연구해오신 대표 학자들을 초청해서 그 현자들의 생각을 대신 추론하시도록 부탁했습니다. 단순하게 그 인물에 대해 전기적인 연구를 하는 것도 아니고, 사상사적 의미를 밝히는 작업도 아니었습니다.

인간이라면 누구나 가질 법한 삶의 근본적인 고민들에 대해 함께 이야기해보고 고민하는 시간을 마련함으로써 인류의 현자 19명이 평생 목숨을 걸고 사유했던 인생의 질문을 우리도 해보고자 했습니다. 그것이 공통된 질문일 수도 있고, 상이한 질문일 수도 있지만, 묻고 답하는 상상의 인문학을 통해 우리 자신이 놓치지 말아야 할 인생의 질문을 도출하고자 했습니다.

19명의 현자들을 오늘의 시점으로 소환해 그들의 학문과 사상을 추론하며 인생의 질문을 도출하셨을 뿐 아니라, 스스로 상상의 답변을 마련해주신 학자들에게 찬사를 보냅니다. 연구 과정도 고단했겠지만, 발표하는 시간도 쉽지 않는 지적 모험이었을 것입니다. 그리고 그것을 다시 출간하기 위한 원고 작업은 상상하지 못할 시간과 노력을 요구하는 것이었을 겁니다. 그럼에도 우리나라를 대표하는 학자분들께서 재단이 추구하는 정신에 공감해주셨고, 최선을 다해 연구하고, 발표하고, 그리고 집필에 임해주셨습니다. 진심으로 감사드립니다.

더불어 앞선 학자분들의 노력을 후원해주시고, 강의에 참여해 함께 토론해주셨던 재단 관계자분들과 수공회 회원분들께도 찬사를 보냅니다. 격주로 수요일에 모인다고 해서 '수공회'라 이름 붙인 이 공부 모임은 재단의 프로젝트를 위한 든든한 정신적인 버팀목이 되어주셨습니다. 만 삼 년 동안 진행되었던 쉽지 않은 인문학 성찰의 여정에 함께 참여해주시고 후원해주신 수공회 도반 여러분들께도 감사드립니다.

『인생교과서』 시리즈의 현자가 19명인 이유는 특별한 나머지 한 분을 포함시키기 위해서입니다. 바로 이 책을 읽고 계신 독자 여러분입니다. 인류의 스승들이 던졌던 인생의 질문을 숙고하신 다음, 여러분이 마지막 스무 번째 현자가 될 수 있는 가능성을 열어두시기 바랍니다. 사실 인문학은 답을 찾는 학문이 아닙니다. 오히려 질문을 제기하는 것이 인문학의 본질적 의무입니다. 현자들의 질문과 답을 사숙하신 다음, 스스로에게 인생의 질문을 던지는 독자들이 되시기를 바랍니다. '나는 누구인가? 어떻게 살아야 하는가? 어떻게 죽어야 멋진 죽음인가?'

1부
삶과 죽음

1부

삶과 죽음

우리는 어디서 와서 어디로 가는가? 무함마드는 삶과 죽음에 대해 어떻게 생각했을까? 어린 시절 밤하늘을 바라보며 존재 탐구를 하던 무함마드는 중년이 되어 신의 계시를 받고 사람들에게 신이 원하는 삶을 설파하러 나섰다. 무함마드는 현재의 자신에게 만족하고 감사하는 마음을 가질 때 현세의 행복뿐 아니라 내세의 행복까지 보장받을 수 있다고 말하면서, 특히 가난하고 고통받는 사람들에게 모든 것은 마음에서 비롯된다는 말을 강조했다. 1부에서 다룰 6개의 질문을 통해 전 세계 18억 인구의 위대한 스승이 된 무함마드의 정신을 살펴보자.

삶이란
무엇인가
?

삶은
충만한 기쁨의 여정

삶은
충만한 기쁨의 여정

산다는 것은 무엇인가

누구나 인생을 살다 보면 삶에 대한 본질적인 질문들을 품게 된다. 나는 어디서 와서 어디로 가는가? 무함마드 역시 같은 질문에 대해 고민했을 것이다. 무함마드의 어록에 암시된 내용으로 보아 무함마드는 이 질문에 대해 다음과 같이 생각한 것 같다. 나는 이미 이 세상에 와 있으므로 내가 어디서 왔는가를 생각하거나 고민할 필요는 없다. 그리고 우리 모두는 언젠가 이 세상을 떠날 것이다. 그렇다면, 나는 어떻게 살아야 하는가?

아침을 맞이하면 저녁을 기다리지 말고, 저녁을 맞이하면 아침을 기다리지 말 것이며, 이미 이 세상에 와 있는 자신을 위해 영원히 사는 것처럼 열심히 일하고, 질병에 대비

해 건강을 관리하며, 내일 이 세상을 떠난다고 생각하고, 내세를 위해 오늘 준비를 해야 한다.(최영길 옮김, 『하디스 40선』 신생사, 1982, 174쪽)

이 말은 현세를 위해 영원히 사는 것처럼 일하고, 한편으로는 내일 죽음이 찾아올 수도 있다고 생각하며 하루하루를 살아야 한다는 의미다. 하지만 인간이 태어나고 자라서 병이 들고 늙음을 경험하는 일은 때로는 우리에게 고통스럽게 다가오기도 한다. 왜 인간의 삶에는 생로병사가 있을까? 『꾸란』은 인간의 생로병사를 창조주 하나님에 의해 일어나는 과정으로 묘사한다.

하나님께서 흙으로 아담을 창조한 후부터는 한 방울의 정액이 응혈되게 해 어린아이를 탄생시키고 그런 다음에는 청년이 되게 하고 그런 다음에는 노인이 되게 하시느니라. 너희 중에는 각 단계에 이르기 전에 죽음을 맞이하게도 하고 정해놓은 기간에 이르게도 하느니라.(『꾸란』 22:5, 23:14, 36:77, 76:2)

우리는 어디서 왔는가? 내가 이 세상에 태어난 것은 나의 뜻이나 의지와는 아무런 관련이 없다. 내가 존재하는

18

것은 부모가 계셨기 때문에 존재하는 것뿐이다. 부모 역시 나를 두려고 결혼한 것은 아니다. 어떤 뜻을 두고 나를 낳은 것도 아니다. 결혼해 살다 보니 나를 낳았을 것이고 그러다 보니 내가 존재하게 된 것이다. 나의 존재가 부모에게 기쁨이 될 때가 있고 슬픔이 될 때가 있으며, 부모의 존재도 나로 하여금 기쁠 때가 있고 괴로울 때가 있다. 하지만 우리는 부모를 기쁘게 하려고 태어난 것도 아니며 슬프게 하려고 태어난 것도 아니다. 부모 역시 손익을 계산해 나를 낳은 것도 아니다. 이렇듯 부모가 나를 존재케 한 특별한 뜻과 목적은 없다. 그런데 하나님이 인간을 창조한 뜻과 목적은 분명하고 확실하다.

내가 인간을 창조한 목적은 나만을 받들어 나를 기쁘게 하고 지구를 관리하는 대리자로 두었을 뿐이니라.(『꾸란』 51:56, 6:165)

하나님이 인간을 만든 이유는 하나님을 기쁘게 하고 하나님이 창조한 지구를 인간으로 하여금 관리하도록 하기 위해서다. 따라서 내가 태어나는 것도, 부모가 자식을 낳는 것도 모두 하나님을 기쁘게 하기 위한 것이라고 무함마드는 말한다.

그렇다면 우리는 하나님을 기쁘게 하기 위해 세상에 태어났음에도 불구하고 왜 결국 나이가 들어 죽어야만 하는가? 무함마드는 몸이 아프고 병이 드는 것은 각 개인의 실수와 죄를 씻어 인간을 원선原善의 상태로 회복시켜주는 탈바꿈의 과정이라고 말한다. 병을 앓거나 죄를 짓고는 천국에 들어갈 수 없으므로 몸이 아프다는 것은 살아생전에 지은 죄를 경감해주고 치료해주는 약이다. 피로하고, 병들고, 근심 걱정을 하고, 슬퍼하고, 마음의 상처를 입고, 고민하고, 가시에 찔리는 아픔은 누구에게나 온다. 무함마드는 하나님이 각 개인의 실수와 죄를 그것들로 속죄해준다고 말한다.

죽음은 고향으로 돌아가는 탈바꿈의 과정

무함마드는 병이 인간에게 축복이 된다고 했다. 하나님은 병을 주시되 치료약도 함께 주시기 때문이다. 어느 날 압둘라가 병중에 있는 무함마드를 방문해 위로했다. "열이 너무 높습니다. 그것으로 두 배의 보상을 받게 되나요?" 무함마드가 대답했다. "그래요. 병을 앓지 않는 인간은 없지요. 그러나 하나님께서는 가을에 나뭇잎들이 떨어지는 것처럼 하나님을 믿는 환자의 죄와 실수를 몸에서 떨어뜨리지요. 인간은 신선하고 부드러운 초목과 같아 바람이 불면 구부러지나 바람이 그치면 다시 일어서지요. 그와 마찬가지로 인간이 병에 걸리거나 어려움에 처할 때 하나님께서는 그 병을 치료하고 어려움을 거두어주십니다."

죽음이란 바로 아담이 지구로 내려오면서 거친 탈바꿈의 과정이었다. 천국과 지구의 환경이 다르니 지구 환경에 적응할 수 있도록 변화시킨 것이다. 이것이 바로 인간의 첫 번째 죽음, 즉 첫 번째 탈바꿈이었다. 지구로 내려온 아담과 그 자손들은 각자에게 주어진 신의 임무를 마치고 다시 천국으로 돌아가야 한다. 창조한 그곳으로 다시 돌려보낸다고 신이 약속했기 때문이다.

죽음이란 신이 창조한 본래 모습으로 돌아가기 위한 재창조다. 아담과 하와가 천국에서 지구로 내려올 때 탈바꿈을 했던 것처럼 천국으로 돌아가는 여정에 적응하고 그 환경에 적응하려면 또다시 탈바꿈을 해야 한다. 늙어가는 것은 그 세계로 돌아가기 위해 변화해가는 또 다른 탈바꿈의 과정이다. 몸이 아프고 병이 드는 것도 그와 마찬가지다. 무함마드의 말에 의하면 천국을 향해가면서 이런저런 시련을 겪고 이런저런 병에 걸리는 것은 죽음을 위한 과정이다. 따라서 죽고 싶다는 생각을 해서도 안 되고 죽고 싶다는 말을 해서도 안 된다. 생각과 말이 씨가 될 수도 있기 때문이다. 죽음은 신이 결정하는 것이지 인간의 권리가 아니다. 그러므로 아픈 것을 괴로워하지 말고 늙어가는 것을 한탄하지 말며 죽음을 두려워해서는 안 된다.

무함마드는 오히려 신에게 감사를 드리라고 말한다. 무슬림들은 건강이 어떠냐고 안부를 묻는 사람에게 '알함두 릴라Al hamdu lila'라고 대답한다. 우리 표현으로 '좋습니다. 괜찮습니다'라는 뜻이지만 이 문구의 본뜻은 하나님께 감사를 드린다는 뜻이다. 아픈 것을 괴로워하고 늙어가는 것을 한탄하며 무작정 죽음을 두려워하는 것보다 생로병사의 본뜻을 깊이 이해할 때 삶의 진정한 의미를 깨달을 수 있을 것이다.

행복이란
무엇인가
?

누구도 뺏지 못하는
나만의 재산, 행복

누구도 뺏지 못하는
나만의 재산, 행복

행복이란 스스로 만들어가는 것

하나님은 인간에게 행복의 추구를 촉구한다. 『꾸란』을 보면 현세의 행복과 내세의 행복을 함께 추구하라고 이야기한다.

> 주여, 저희에게 현세에서도 행복을 주시고 내세에서도 행복을 주소서.(『꾸란』 2:201)

『꾸란』에서는 현세에서 축복을 받은 행복한 자들이 천국에 들어가 지복을 누릴 것이라고 말한다. 또한 현세를 위해 내세를 버려서도 안 되지만 내세를 위해 현세를 버려서도 안 된다고 한다. 어느 하나도 소홀히 하거나 버리지 않고 두 가지를 모두 얻는 것이 진정한 행복이기 때문

24

이다. 그렇다면 행복은 어디서 얻어지는 걸까?

『꾸란』에서는 행복이란 스스로 만들어가는 것, 자신에게 만족하는 것, 그것에 대하여 감사하는 것 그리고 사랑하는 것이라고 이야기한다.

특히 일을 통하여 얻은 양식으로 먹고 살 때 행복이 찾아온다고 말한다. 또한 내세의 행복을 위해 예배하는 시간만 제외하고는 지구촌 이곳저곳을 찾아다니며 일하라고 가르친다.

예배를 마치면 지구촌 이곳저곳을 찾아다니며 알라의 은총을 추구해야 되느니라.(『꾸란』 62:10)

일하는 행복은 앉아서 기다릴 때 오는 것이 아니라 스스로 찾아나서는 것이라 말한다. 자신의 고향에서 찾고, 타향에서 찾고, 고국을 떠나 지구촌 방방곡곡을 돌며 일하는 행복을 찾으라는 것이다. 무함마드는 일하는 행복에 관해 일을 열심히 하면 할수록 행복이 더해진다고 말한다.

행복은 현재의 자신에게 만족할 때 온다. 자신의 외모에 만족하고, 자신의 현재 위치에 만족하고, 자신이 현재 가진 것에 만족하고, 자기가 현재 하고 있는 일에 만족할 때 오는 것이 행복이다. 만족하면 그것이 바로 행복이고 만족하지 못하면 그것은 곧 불행이다.

자신의 외모에 만족하지 못하는 사람은 자신의 모습을 뜯어 고쳐도 만족하지 못하고, 자신의 현재 위치에 만족하지 못한 사람은 내일 자신의 위치가 변해도 만족하지 못한다. 자신이 현재 가지고 있는 것에 만족하지 못하는 사람은 내일 더 많은 것을 가진다 해도 만족하지 못하고, 자신이 현재 하고 있는 일에 만족하지 못하는 사람은 내일 다른 일을 해도 만족하지 못한다.

작은 것이라도 만족하면 그것이 곧 행복이요, 큰 것이라도 만족하지 못하면 그것은 곧 불행이고 가난한 자라고 무함마드는 강조했다. 가진 것이 없는 가난한 자도 현재의 자신에게 만족하면 그것이 곧 행복이요, 부자다. 반대로 가진 것이 많은 부자도 현재의 자신에게 만족하지 못하면 그것은 곧 불행이요, 가난한 사람이다.

행복과 감사의 관계

이슬람학의 거장이라 할 수 있는 이맘 샤피Imam Shafii는 만족이 행복의 첫 번째 조건이라고 말한 바 있다. 행복은 감사하는 것이다. 감사는 더 많은 행복을 가져다준다. 부모에게 감사할 때 부모는 더 많은 것을 주려고 하고, 친구에게 감사할 때 그 친구는 더 많은 우정을 나누려 하며, 이웃에게 감사할 때 그 이웃은 더 많은 온정을 베풀려고 한다. 감사하는 자에게 더 많은 행복을 준다고 알라가 약속했기 때문이다.

> 너희가 감사해한다면 나는 너희에게 더 많은 것을 베풀어 행복하게 할 것이니라.(『꾸란』14:7)

무함마드는 사람에게 감사해하지 않는 자는 알라에게도 감사하지 않는 자라고 하면서 감사의 중요성을 가르쳤다. 작고 적은 것이라도 이에 감사하는 자는 행복을 느끼지만, 크고 많은 것을 얻고도 그것에 감사하지 않는 자는 행복을 느끼지 못한다는 것이다.

행복이 어디에 있느냐는 질문에 무함마드는 모든 것은 마음에서부터 비롯된다고 대답한다. 행복이 만들어지는 곳도 마음이요 만들어진 행복이 머무는 곳도 마음이다. 그래서 행복은 밖으로 드러나지 않는다. 밖으로 드러나지 않으니 눈으로는 볼 수 없다. 마음에 있으니 마음의 감각으로 발견하는 게 행복이다.

이슬람 학자들과 이슬람교에 신앙심이 깊은 사람들은 창조주에 대한 지식을 통해서 마음의 행복과 만족을 표현하려고 노력했다. 저명한 이슬람학자인 이븐 타이미야Ibn

Taimiya는 하나님에 대한 믿음과 수행을 통해 느끼는 행복을 이렇게 표현했다.

"이 세상에도 천국이 있습니다. 그러나 내세에 있는 천국에 들어가지 못한 사람은 현세의 천국에도 들어가지 못합니다." 또 이렇게도 말했다. "나의 적들이 나에게 무엇을 할 수 있을 것인가? 나의 천국은 분명히 나의 마음에 있지 않는가!"

이븐 타이미야의 가까운 제자였던 이븐 까이임Ibn Qaim은 감옥에 투옥된 이븐 타이미야를 자주 방문했다. 이븐 까이임은 이렇게 말했다.

"이븐 타이미야보다 행복한 사람을 만난 적이 없다는 것을 알라께서 아실 것입니다. 그분처럼 궁핍한 환경에서 살았던 사람도 없을 것입니다. 사치와 풍요로움이 무엇인지조차도 몰랐습니다. 투옥되기도 하고, 고문을 당하기도 하고, 위협도 받았지만 그분은 마음으로 만족해하면서 어느 누구보다도 가장 편안하고 행복하게 살았습니다. 이븐 타이미야의 행복은 얼굴에 나타납니다. 두렵고, 나쁜 예감이 들고, 지구가 우리를 조이는 것을 느꼈을 때 우리는 그분을 찾아가 직접 만나보고 말씀을 듣곤 했습니다. 그러고 나면 모든 괴로움이 사라지고 다시 힘이 생기고 환희에 차며 확신이 서고 마음이 편안했습니다. 당신을 알기

28

전에 저희에게 천국을 입증하여주신 알라여 정말 감사합니다."

이븐 까이임은 알라를 극진히도 사랑했던 한 무슬림이 했던 말을 인용했다. "왕들과 왕자들이 우리가 마음으로 느끼는 행복을 알고 있다면 그 사람들은 행복을 얻기 위해 칼을 들고 우리에게 대항할 것입니다."

또 다른 무슬림의 말도 인용하였다. "이 세상 사람들은 불쌍합니다. 사람들은 세상을 떠나면서 그 안에 담겨 있는 가장 아름다운 것(행복)을 맛보지 못하기 때문입니다."

그 안에 담겨져 있는 것이 무엇이냐는 질문을 받고 그 무슬림은 이렇게 대답했다. "알라를 사랑하고, 알라를 알고, 알라를 상기하는 것입니다."

행복은 스스로 만들어가는 것이라고 했다. 알라가 인간으로 하여금 이 땅을 일구고 가꾸어 행복을 얻도록 했기 때문이다. 이러한 이유로 인간은 일하지 않고는 행복을 일굴 수 없다. 천만금을 가진 자가 일 없이 행복을 느끼지 못하는 이유가 여기에 있고, 가난하지만 일이 있어 행복한 이유가 바로 여기에 있다.

또한 행복은 감사하는 것이다. 사람에게 감사해하고 알라에게 감사해하는 자를 위해 알라는 하늘과 땅 사이를 가득 메우고도 남을 정도의 행복을 준다고 했다. 행복은 자신의 마음에 있기 때문에 어느 누구도 들여다볼 수 없고, 어느 누구도 빼앗아갈 수 없다. 그래서 마음이 만들어가는 행복은 오직 나만이 가질 수 있는 자신만의 재산이다.

주어진 삶을
어떻게
살 것인가
?

'뜻'을 품고
매순간 되새기며 살아야

'뜻'을 품고
매순간 되새기며 살아야

뜻을 품으면 길이 열린다

'어떻게 살 것인가?' 무함마드는 이 질문에 대한 답으로 맨 먼저 마음에 뜻을 두라고 주문한다. 모든 것이 마음에서 비롯되며, 마음이 모든 것을 만들기 때문이다. 말이 씨가 된다는 말이 있듯, 싹을 틔운 마음의 뜻은 가지를 치고 점점 자라 마침내 열매를 맺는다. 그러나 마음에 뜻을 두지 않으면 열매는커녕 잎사귀 하나 틔울 수 없다. 마음에 뜻을 두는 사람에게는 희망과 설렘과 기다림이 있다. 반면, 그렇지 않은 사람은 그런 것을 가질 수 없다.

마음에 뜻을 두고 도전하면 최소한 그만큼의 결실을 얻을 수 있다. 불가능하다고 생각되는 것도 도전하면 가능해지거나 그만큼의 열매를 얻을 수 있다. '올라갈 수 없는 나무는 쳐다보지도 말라'는 말만 믿고 정말 쳐다보지도 않는다면 열매는커녕 잎사귀 하나 딸 수 없다. 마치 이 것을 일깨우듯, 무함마드는 불가능한 것도 가능하게 만들 수 있다고 말했다.

나는 1976년 12월, 사우디아라비아 메디나 왕립대학교에 입학해 유학 생활을 한 적이 있다. 이 대학을 졸업하려면 604쪽에 달하는 『꾸란』 원서를 처음부터 끝까지 전부 암기해야 했다. 『꾸란』을 읽을 줄도 모르는데 전 분량을 암기한다는 것은 불가능한 일이었다.

나는 이 학교를 떠나야겠다고 수없이 마음먹었다. 그러나 마음에 뜻이 있으면 불가능한 일도 가능하게 만들 수 있다는 무함마드의 말 한마디가 내게 도전할 수 있는 용기를 주었고, 나는 모든 수단과 방법을 동원해 『꾸란』을 암기하려고 노력했다. "하나님께서는 인내하는 자와 함께하시느니라"는 『꾸란』의 말을 믿었기 때문이다.

나는 힘겨웠던 유학 생활에서 인내만큼 아름다운 것도 없다는 무함마드의 말을 떠올리며 힘을 얻고자 했다. 이 날 이후로 나는 『꾸란』을 암기하기 위해 갖은 애를 썼지만 결국 전부 암기하지는 못했다. 아니 불가능했다. 최선을 다했지만 『꾸란』이라는 나무의 꼭대기까지는 오르지 못했다. 하지만 이러한 과정이 있었기에 그 나무에서 떨어지는 몇 개의 열매는 맛볼 수 있었다. 한국 최초로 아랍어『꾸란』원문을 한국어로 번역하여 출간하는 기회가 마련되었고, 아랍인과 무슬림이 지닌 정신문화의 원천이 무엇인지 어렴풋이나마 알게 되었다. 노래 가사를 암기했을 때 비로소 리듬에 맞추어 노래할 수 있는 것처럼, 무슬림의 정서로부터 흘러나오는 리듬에 맞추어 노래하고 무슬림과 어울릴 수 있는 분위기를 느낄 수 있었다.

이슬람 세계에 한국 IT 산업 발전을 홍보하고 제작물을 수출하는 효과를 거둔 일도 있었다. 나와 협력하여『무함마드의 언행록』과 성지순례 의식 절차 등 866쪽 분량의 『꾸란』아랍어 자막과 33시간짜리 『꾸란』낭송을 입력한 『꾸란』전자책이 국내 M 벤처 기업에서 세계 최초로 개발되었다. 『꾸란』암기에 도전했던 경험은 처음엔 큰 시련처럼 느껴졌지만 결과적으로는 국내 IT 산업 발전에 기여할 수 있는 계기가 되었다. 한 걸음 더 나아가 모바일 문화 콘텐츠로 제작되어 부가가치 창출에 기여했다.

브루나이에서 열린 '한국-아세안ASEAN 정상 회의'에 참석한 김대중 전 대통령은 이 회의에 참석한 이슬람 국가 정상들에게 이『꾸란』전자책을 선물했다. 하사날 볼키아Hassanal Bolkiah 브루나이 국왕, 메가와티 수카르노푸트리Megawati Sukarnoputri 인도네시아 대통령, 마하티르 모하맛Mahathir bin Mohamad 말레이시아 총리가 그 수혜를 입었다.

전 세계 18억 무슬림들에게 한국의 IT 산업의 발전과 우수성을 홍보하는 좋은 계기가 되기도 했다.

최근에는 국내 L 모바일 회사와 협력해 역시 세계 최초로 『꾸란』을 포함한 일곱 가지 이슬람 문화 콘텐츠가 들어간 모바일 기기를 출시했다. 이로써 18억 무슬림 시장과 아랍어를 공부하는 비무슬림 시장에서까지 좋은 반응과 호평을 얻었다.

인내가 불러온 값진 결과

마음에 내키지 않은 일이라도 해내고 나면 행운이 찾아오기도 한다. 1999년 5월 어느 날, 나는 소포 하나를 받았다. 발신자는 사우디아라비아의 무함마드 수하임Muhammad Suhaim이란 분이었다. 일면식도 없는 수하임이 내게 보낸 소포에는 『아르라히끄 알 마크툼Arrahiq al Makhtum』이라는 책과 이 책을 한국어로 번역해달라는 내용이 적힌 편지 한 통이 들어 있었다.

이 책은 무함마드의 생애에 관한 국제학술경연대회에서 대상을 받은 인도 출신의 사피 아르라흐만 알무바라크푸리Safi ar Rahman al Mubarakpuri가 쓴 아랍어 논문 저서로 분량이 672쪽에 달했다. 당시 나는 명지대학교 인문대학장으로 학사 행정과 강의로 시간을 내기가 어려웠을 뿐 아니라 고문古文을 많이 인용한 논문 저서라 번역하기가 부담스러웠다. 몇 번이고 고민하고 망설였지만 공부한다는 마음으로 이 년에 걸쳐 번역을 진행했고 2001년 10월에 드디어 마칠 수 있었다.

적잖은 시간 동안 공들여 번역한 원고를 무함마드 수하임에게 보냈는데 아무런 답이 없었다. 사 년 가까이 거듭 편지를 보냈지만 역시 회신이 없었다. 대가를 바라지 않고 그저 순수한 마음에서 한 일이었으나 번역을 다 마친 후로 사 년이 지나도록 깜깜무소식이었다. 그간의 노력을 헛되이 할 수 없었던 터라 자비를 들여 번역 원고를 『인간 무함마드』라는 제목으로 출간했다.

이 책이 나에게 행운을 가져다주었다. 2005년 8월 2일, 사우디아라비아의 파드 빈 압둘아지즈Fahd bin Abdul-Aziz 국왕이 서거하고 그 뒤를 이어 압둘라 빈 압둘아지즈Abdullah bin Abdul-Aziz 왕세제가 왕위를 계승했다. 이듬해 2006년 10월 31일 '전 세계 국가들 간의 상호 문화교류 촉진과 문명 간의 지적 교류 증진'이라는 목표를 세워 '압둘라 국왕 국제번역상'을 제정했다.

압둘라 국왕 국제번역상은 번역 작품의 우수성과 탁월성, 번역자의 전문 지식과 업적을 인정하고 번역자들의 노력을 격려하여 번역 사업을 촉진시키는 데 의미가 있었다. 번역이 각 나라의 문화와 문명 간 대화에 큰 촉매 역할을 하는 중요한 도구라는 점에서 국제번역상은 전 세계적으로 이념적, 사상적, 학문적 대화를 주도하면서 언어와 문화와 종교가 서로 다른 민족 간의 충돌을 줄이는 데 그 뜻을 두었다.

2007년 5월 29일 제1차 국제번역상에 도전했다. 『꾸란』을 한국어로 번역한 것이 있었기 때문이다. 번역물이 이슬람 경전이었기에 한 가닥 희망을 걸었으나 섣부른 판단이었다. 『꾸란』은 이미 전 세계 거의 모든 언어로 번역되어 있어서 경쟁이 치열한데다 한글은 우리나라에서만 사용하니 국제 기여도 점수가 낮았다. 까다로운 여러 절차를 거치고 추천을 받아 신청했지만 결과는 낙방이었다. 낙담한 나머지 이 상에 관심을 두지 않기로 마음먹었다.

2008년 매스컴을 통해 제2차 국제번역상 지원 공고가 나오자 마음이 바뀌었다. 때마침 출간된 지 오 년이 채 되지 않은 번역서가 있었기 때문이다. 오랜 시간 공들여 번역 출간한 『인간 무함마드』가 생각났고, 그 책으로 국제번역상 선정에 지원했다. 2009년 3월 어느 토요일 밤, 택시 안에서 국제전화를 한 통 받았다.

"여기는 사우디아라비아 압둘아지즈 왕립도서관입니다. 최영길 교수님이신가요? 마브룩Mabruk(축하합니다)!"

2008년도 수상자로 선정되었다는 통보였다. 전화로 소식을 접한 순간, 혹시 잘못 들은 것이 아닌가 하는 생각이 들었다. 신청은 했지만 전혀 기대하지 않았고 전 세계 학자들과의 경쟁도 만만치 않거니와 국제사회에서 한국어의 영향력이 비교적 약하므로 관련 항목에 대한 점수도 기대할 수 없었다.

2회째 수여되는 2008년 '압둘라 국왕 국제번역상' 모집에 총 스물다섯 개 국가에서 127명이 신청했는데, 이 중 아랍 국가가 열세 곳이었다. 번역된 언어 수도 열네 개에 달했다. 일 년 동안의 심사 기간을 거쳐 총 다섯 개 분야 수상자가 선정되었다.

나는 인문학 분야에 당선되어 2009년 5월 26일 모로코 카사블랑카에 있는 고故 압둘아지즈 사우디아라비아 국왕 문화센터에서 열린 시상식에서 증서와 메달, 상금 등을 받았다.

일면식도 없는 사람의 편지 한 통에 지원비도 없이 시작했던 일이 이런 행운을 가져다주리라고 누가 상상이나 했겠는가! 나는 이 일을 계기로 인내가 얼마나 값진 것인지 알게 되었다. 『꾸란』은 다음과 같이 이야기한다.

너희가 싫어한 것이 너희에게 행운이 될 수 있고 너희가 좋아한 것이 너희에게 불행이 될 수도 있느니라.(『꾸란』
2:216)

우리의 인생이란 뜻대로 되지 않는 경우가 많다. 하지
만 그럴 때마다 자신이 원하는 방향으로 뜻을 품고 인내
하고 노력한다면 반드시 좋은 결과가 뒤따를 것이다.

이슬람은
왜
원죄를
허용하지 않는가
?

인간은 선하게 태어난 존재,
원죄는 없다

인간은 선하게 태어난 존재,
원죄는 없다

누가 먼저 선악과를 따 먹었는가?

하나님께서 아담과 하와에게 신혼여행지로 '잔나Zannah'
라는 천국을 소개하면서 지구로 내려갈 때까지 그곳을 자
유롭게 여행하며 즐기되 어떤 나무를 조심하라고 이르셨
다. 그 나무에 접근하는 건 위험하다고 충고하시면서, 만
일 그 나무의 열매를 맛본다면 하나님의 말씀을 위반하는
것이라는 경고도 잊지 않으셨다. 그 나무 열매가 사과라
는 말도 있고 바나나라는 소문도 있고 무화과라는 이야기
도 있다.

　하나님은 천사들이 아담에게 엎드려 절하며 경의를 표
하도록 명령했다. 그러자 천사들이 모두 그렇게 했다. 그
런데 유독 이블리스Iblis만은 경의를 표하지 않았다. 그러
자 하나님께서 이블리스에게 물었다. "너는 왜 절을 하지

않느냐?" 이블리스가 대답했다. "제가 아담보다 더 훌륭합니다. 당신께서는 아담을 흙으로 빚으셨으나 저는 불로 만드셨습니다." 불로 만들어진 자신이 보잘것없고 하찮은 흙으로 만들어진 인간 아담에게 절을 할 수는 없다는 것이다. 이블리스는 불이 흙보다 위대하다고 생각했다.

하나님은 아담에게 천국에 있는 모든 사물의 이름을 가르쳐주셨다. 각 사물이 지닌 기능과 역할은 물론, 지구에 내려가 발견할 사물들을 명명하는 방법도 가르쳐주었다. 예언자 무함마드는 말했다. "심판의 날, 신자들은 아담을 찾아가 이렇게 말할 것입니다. 당신은 인류의 시조입니다. 하나님께서 직접 당신을 만드시고 천사들로 하여금 당신에게 절하게 했으며 모든 사물의 명칭을 가르쳐주셨습니다."

하나님께서 지구를 만들자 천사들이 물었다. "하나님이시여, 저 지구는 누구로 하여금 다스리게 할 것입니까?" 그러자 하나님께서 대답하셨다. "저 지구는 아담과 그 자손들로 하여금 다스리게 할 것이니라." 그러자 천사들이 불만을 털어놓았다. "천사들은 거역할 줄 모르니 하나님께서 시키는 대로 명령에 복종할 것입니다. 그러나 인간은 그렇지 않을 것입니다. 하나님의 뜻을 거역하는 자도 있을 것이고, 피를 흘리게 하고 사람을 죽이는 자도 있을 것입니다. 그러니 저희를 지구로 보내는 것이 어떠하겠습니까?"

그러자 하나님께서 말했다. "너희 천사들은 나의 뜻을 모르고 있느니라. 너희 또한 아담보다 아는 것이 많지 않으니라. 만일 너희가 아담보다 아는 것이 많다면 사물들의 이름과 기능과 역할을 말해보아라." 천사들은 대답할 수 없었다. 하나님께서 가르쳐주지 않았기 때문이다. 천사들이 말했다. "당신께서 가르쳐주신 것 외에는 아무것도 모르겠습니다." 천사들이 모르겠다고 대답하자 하나님께서는 모르면 아담에게 배우라고 말씀하셨다. "아담아, 천사들에게 사물들의 이름과 기능과 역할을 가르쳐주어라." 그제야 천사들은 왜 아담에게 먼저 인사를 해야 하는지, 하나님께서 왜 천사들이 아닌 아담을 지구로 보내시려고 하는지 깨달았다.

아담과 하와는 죄지은 사람이 들어갈 수 없는 천국에서 오랫동안 행복하게 살았다. 어느 날, 이블리스가 나이든 아담과 하와에게 다가와 좋은 열매가 있다고 유혹했다. 이블리스는 그 열매가 먹으면 늙지도 않고 죽지도 않는 불로불사不老不死의 약이라며 아담과 하와를 꾀어내었다. 그 약은 바로 하나님께서 먹지 말라고 경고한 나무 열매였다. 이블리스는 열매를 맛보면 멸망하지 않는 천국으로 안내를 받는다고 속삭이면서 그 씨는 버터보다 부드럽고 꿀보다 달콤하다고 했다. 이블리스가 "아담이여, 내가 당신을 멸망하지 않는 왕국으로 안내해주겠소"라고 하자 아담이 물었다. "그렇게 좋은 것을 왜 하나님께서는 먹지 말라 하셨지요?" 이블리스가 대답했다. "천사가 되지 못하게 하고 영원히 살지 못하도록 하기 위해서지요."

이블리스는 인간을 천사보다 높이 둔 하나님께 대항했다. 그러자 하나님은 아담에게 이블리스를 조심하라고 일렀다. 이블리스는 아담과 하와의 적으로, 두 사람을 유혹해 천국에서 내쫓아 불행하게 만들려고 술책을 부리는 것이라고 덧붙였다.

아담아 그는 너와 하와의 적이라. 그가 너희를 천국에서 나가게 해 너희를 불행하게 만들려고 하는 짓이니라.

(『꾸란』 20:117)

조급한 성격으로 창조된 아담은 이미 오래전에 그 나무에 접근하지 않겠다고 하나님께 약속했다. 하지만 오랜 세월이 흐르면서 그만 약속을 잊고 말았다. 아담은 그 나무에 올라가 열매를 따서 맛본 후에 하와에게도 주었다. 볼 수 있는 혼이 아담의 눈에 들어가자 천국의 과일들을

44

보게 되었고, 먹고 싶은 혼이 아담의 위 속으로 들어가자 과일이 먹고 싶어진 아담은 두 다리에 뛰고 싶은 혼이 들어가기도 전에 천국의 과일을 향해 뛰어올랐다고 『하디스』는 말한다.

아담이 먼저 열매를 맛보았다는 이야기는 하와가 먼저 맛을 보았다는 『성경』의 내용과 대조되는 부분이다. 『성경』은 하와가 선악과善惡果를 먼저 맛본 후에 아담에게 주었다고 밝힘으로써 하나님의 말씀을 어긴 책임을 여성에게로 돌린다. 하지만 『꾸란』은 『성경』과 반대로 이블리스가 아담을 유혹하자 아담이 먼저 열매를 따서 먹었다고 하면서 책임을 남자에게 돌렸다. 아담과 하와가 함께 먹었다는 언급도 있어 공범으로도 볼 수 있으나 하와가 먼저 맛을 보았다는 언급이 없으므로 아담에게 책임이 있다고 본 것이다.

무함마드는 하나님께서 아담에게만 그 나무 열매를 맛보지 말라고 경고했으니 하와에게 책임을 물어서는 안 된다고 했다. 『꾸란』에서는 아담과 하와가 열매를 같이 먹었다고 쓰여 있지만 하와가 먼저 먹었다는 근거가 없고, 그 나무는 너무나 크고 높아서 하와가 올라가 열매를 따기는 어려웠을 것이라고 밝혔다. 열매를 먹은 것은 아담의 책임이라는 뜻이다.

열매를 먹은 순간, 아담과 하와는 서로 벌거벗은 모습으로 있었음을 깨닫고는 부끄러움에 어쩔 줄 몰라 하다가 천국의 나뭇잎으로 부끄러운 곳을 가렸다. 그러고는 하나님과 한 약속을 어겼다는 걸 깨닫고 크게 당황했다. 이 모습을 지켜본 하나님이 두 사람을 야단쳤다. "내가 그 나무의 열매를 먹지 말라고 일렀고 이블리스는 너희의 적이라고 분명히 이야기하지 않았더냐?"

아담과 하와는 변명하지 않고 즉시 잘못을 인정하면서 용서를 빌고 선처를 구했다. "주여! 저희가 잘못했습니다. 저희를 용서하시고 자비를 베풀어주소서." 아담과 하와는 약속을 지키지 못한 것은 실수며, 약속을 깜박 잊었을 뿐 일부러 깨뜨린 게 아니라고 변명했다. 그러자 하나님도 두 사람이 망각에 의해 실수한 것이라고 인정했다. "아담이 그 약속을 잊었을 뿐 고의로 약속을 깨뜨린 게 아님을 내가 아느니라."(『꾸란』 20:115) 이에 하나님은 망각에 의한 아담의 실수를 용서하고 아담에게 하나님을 대신하는 칼리파Khalifah(대리자) 자격까지 부여했다.

원죄에 대한 무함마드의 반박

무함마드는 『성경』에서 말하는 선악과 이야기에 반론을 제기했다. 천국은 선한 것만 있는 곳이어서 악을 알게 하는 과실이 없다. 따라서 아담이 맛본 것은 악의 과일이 아니기 때문에 그 과일이 죄를 짓게 한 원인이 아니라고 주장했다.

또한 『성경』에는 하나님이 그 나무의 열매를 먹으면 죽는다고 말했다고 기록되어 있다. 이에 대한 무함마드의 견해 역시 달랐다. 천국은 죽지 아니하고 영원히 사는 곳이요, 그래서 그곳에 사는 자는 죽지 않고 영원히 살기 때문에 아담도 그와 마찬가지라고 했다. 그 열매를 먹은 것이 죄가 되고, 그 죄로 아담이 죽게 되었다는 것을 부정하는 것이다.

『성경』에서는 뱀이 하와를 유혹하고 그 유혹에 넘어간 하와가 아담을 꾀어 선악과를 먹게 함으로써 아담이 죄를 짓게 되었고 그 때문에 천국에서 추방당했다고 쓰여 있다. 무함마드는 이에 대해서도 반론을 제기한다. 아담과 하와가 지구로 오게 된 것은 『성경』에 나온 것처럼 죄가 원인이 되어 추방당한 것이 아니라고 주장하면서 주장을 뒷받침하는 증거를 제시했다. 아담이 창조될 때 죄의 구속을 받지 않았고 창조된 후에도 나무의 열매를 맛보기 전까지는 아담과 하와에게 죄가 없었다는 것이 그 근거다. 죄가 없으니 쫓겨날 이유가 없다는 것이다.

무함마드는 아담과 하와가 죄의 속성을 지니고 창조되

었다는 근거가 없음을 제시하면서 선한 성질을 가지고 창조되었다고 주장한다. 무함마드는 아담과 하와가 처음에 죄의 씨가 없는 천국에서 살았다는 것은 그 둘의 본성本性이 선하다는 것을 뜻하며, 아담과 하와가 신이 접근하지 말라는 나무에 접근한 것은 기정사실이지만 그 나무는 악의 씨가 없는 나무였고, 그것도 망각에 의한 실수였을 뿐 고의성이 전혀 없는 사건이라고 해석했다.

아담을 죄의 속성이 전혀 없는 천사의 스승으로 둔 것이나, 신이 약속된 예정설에 따라 아담을 땅으로 내려 보내면서 지구라고 하는 땅과 스승과 책을 보내주신 은총을 생각할 때, 하나님이 인간을 원죄原罪라는 것으로 영원히 구속할 필요가 없다고 판단한 것이다.

하나님은 어느 누구도 다른 사람의 죄를 대신할 수 없다고 했다. 누구든 자기가 저지른 것은 자신 책임이다. 그러므로 아담과 하와가 저지른 사건에 대한 책임도 이미 아담과 하와 세대에서 청산되었으므로 자손들 역시 선조의 죄를 책임질 이유가 없다. 따라서 모든 인간이 원죄를 지니고 태어나는 것이 아니라, 아무것도 쓰이지 않은 하얀 공책처럼 원선原善의 상태로 탄생한다는 것이 무함마드의 변론이다.

천국과
지옥은
존재하는가
?

우리 마음속에 존재하는
천국과 지옥

우리 마음속에 존재하는
천국과 지옥

『꾸란』이 전하는 천국과 지옥의 모습

천국과 지옥이 존재하느냐는 질문에 누가 그 정답을 말해
줄 수 있을 것인가? 존재한다고 말한다면 가보지 않았으
니 거짓말이 될 수 있고, 존재하지 않는다고 말한다면 없
다는 것이 확인되지도 않았으니 거짓말이 될 수 있다. 왜
냐하면 천국과 지옥은 인간이 죽은 후에 가는 곳이기 때
문이다. 죽음 이후의 세계를 아직 살아 있는 우리는 알 수
없는데 누가 그곳을 다녀왔다고 할 수 있는가?

　『꾸란』은 잔나라고 부르는 천국과 자한남Jahan nam이라
는 지옥이 있다고 전한다. 『꾸란』에 의하면 하나님께서는
어떤 것을 창조하면 반드시 이름을 부여하는데, 천국과
지옥에 각각 이름이 있다는 것은 고로 그것이 존재한다는
의미다.

50

그렇다면 『꾸란』에서 존재한다고 하는 천국은 어떤 곳일까? 천국의 삶은 현세의 삶과 전혀 다르다. 육체적 기쁨과 정신적 기쁨을 동시에 누리는 곳이다. 즐거움과 행복이 있고 모든 종류의 음식과 갖가지 술도 있다. 인간이 상상할 수 없고, 생각할 수 없고, 오감으로 느낄 수 없고, 마음으로 말할 수 없는 행복뿐이다. 눈으로 보지 못했던 것들이 있고, 귀로 들어보지 못했던 것들이 있고, 마음으로 생각해보지 못했던 것들이 있다. 슬픔도 아픔도 고통도 없다.

『무함마드의 언행록』에 의하면 이곳에서는 대소변을 보지도 않고 코도 풀지 않으며 가래도 나오지 않는다. 몸에서는 단 한 번도 맡아본 적이 없는 그윽한 머스크Musk(사향) 향수가 땀 흐르듯이 흘러나온다. 또한 『꾸란』에서는 천국에 '후르아인Hur Ain'이라 불리는 여인들이 있다고 언급한다.

눈이 크고 아름다운 후르아인 동정녀를 믿는 자들의 아내로 짝을 지워줄 것이니라.(『꾸란』 44:54)
눈이 크고 사랑스러운 정숙한 후르아인 여인들이 믿는 자들의 곁에 있게 될 것이며 이 여인들은 잘 보존된 진주와도 같으니라.(『꾸란』 56:22)

후르아인은 천국에 들어가는 사람들의 아내가 될 여인들로, 상대를 강렬하게 끌어들일 듯한 아름다운 눈을 가진 동정녀다. 이 여인들은 특별한 정자에 있는데 부끄러움을 꽤 탄다. 어느 누구도 접촉한 적이 없고 영마도 스쳐 본 적이 없는 동정녀. 이 사람들은 잘 보존된 진주와 같은 여인들이다.

그런데 『꾸란』은 하나님을 믿는 여성들이 천국에 가서 맞이할 남편을 무엇이라고 부르는지 언급하지 않았다. 『무함마드의 언행록』 및 여러 자료들을 통해 유추해본 결과, '왈리알라Wali Allah'라고 지칭할 수 있다. 여기서 '왈리'는 '친근한 친구', 또는 '가까운 친구'를 뜻하고, '알라'는 하나님을 지칭한다. 따라서 왈리알라는 '하나님 가까이서 하나님의 사랑을 받는 자'를 뜻한다고 볼 수 있다.

천국과 반대로 지옥에서 겪는 삶은 비참하다. 인간이 상상할 수도 없고, 생각할 수도 없고, 마음으로 말할 수 없는 비참한 삶이다. 지옥은 죄지은 자들을 위해 준비된 곳이다. 심판이 끝나면 함께 출발해 천국으로 갈 사람은 지옥의 비참한 세계를 구경하면서 천국으로 가고 지옥으로 갈 사람은 바로 지옥으로 간다.

최종 판결이 보류된 자들도 있다. 천국에 갈지 지옥에 갈지 확정 판결이 나지 않아 대기자 명단에 남은 자들이다. 이 사람들은 천국에도 들어갈 수 없고 지옥에도 들어가지 않는다. 『꾸란』은 이들을 가리켜 '아으라프A'raf'라 일컫는다. 아으라프가 천국에 들어가려면 더 많은 자선을 베풀어야 한다.

그 둘 사이에 베일이 하나 있고 천국으로 갈 사람과 지옥으로 갈 사람들을 표식으로 아는 자들이 높은 곳에 있으면서 천국으로 가는 사람들에게, '화평하소서'라고 말할 뿐 천국에 들어가지 못하고 들어가기를 바라고 있느니라.

(『꾸란』 7:46)

지옥의 특징 중에 하나는 불지옥이다. 그래서 지옥에 들어가는 자들은 불지옥의 땔감이 된다.

지옥에 들어가는 그들 모두는 불의 땔감이 되느니라.

(『꾸란』 66:6)

천국행과 지옥행을 결정하는 판사는 하나님뿐이다. 예수도 아니고 무함마드도 아니다. 이러한 이유로 이슬람에서는 고인을 화장火葬하지 않는다. 불지옥, 즉 화장에 대한 결정은 하나님의 단독 권한이므로 인간이 인간을 화장하는 것은 하나님의 권리를 침해하는 것이다.

무함마드는 하나님의 존재를 인정하는 것이 천국의 열쇠라고 말한다. 즉 하나님의 존재를 믿는 자는 어떤 죄를 지었다 해도 지옥에 가지 않는다는 뜻이다. 이 말은 하나님의 존재를 인정하는 유대교인이나 기독교인도 천국의 열쇠를 가지고 있다는 의미다. 이런 점에서 볼 때 무함마드는 타 종교에도 구원이 있음을 인정한다고 볼 수 있다.

천국과 지옥은 어디에 있는가?

여기서 문제는 '정말로 천국과 지옥이 존재하는가'다. 무함마드는 천국의 열쇠를 '라 일라하 일랄라La Ilaha Illah Allah'라고 했다. 이 문구를 해석하는 과정에서 천국과 지옥의 존재 여부를 들여다볼 수 있다.

이 문구를 이원론적 입장에서 해석하면 '하나님 외에는 어떤 신도 존재하지 않는다'는 뜻이다. 하나님 외에 신만 존재하지 않는다고 했지 다른 것까지 존재하지 않는다고는 말하지 않았다. 그러므로 다른 것들이 존재함으로써 너도 존재하고 나도 존재하고, 천국도 존재하고 지옥도 존재한다는 의미다.

이 문구를 존재론적 입장에서 해석해보면 '하나님 외에는 어떠한 것도 존재하지 않는다'는 뜻이다. 하나님 외에는 아무것도 없다고 했으니 천국과 지옥이 존재하지 않는다는 의미다. 하나님의 창조 이전에는 아무것도 존재하지 않았는데 어떻게 천국과 지옥이 존재한다고 말할 수 있겠는가?

한편 하나님의 창조로 천국과 지옥이 존재한다고 말할 수도 있다. 그런데 하나님은 '알파Alpha요, 오메가Omega'라고 했다. 태초에 하나님밖에 없었고 종말에도 하나님만 있다는 뜻이다. 종말이 오면 하나님만 남고 모든 것은 사라지므로 존재했던 천국과 지옥도 없어질 것이 분명하다.

그렇다면 지금 존재하는 것들은 다 무엇인가? 이것들은 모두가 꿈속의 현실들이다. 꿈속의 상황들은 현실처럼 느껴진다. 꿈속에서 누가 쫓아오면 도망가고, 슬픈 것을 보면 눈물을 흘리거나 울기도 한다. 누구를 사랑하기도 하고 미워하기도 한다. 아름다운 것을 보면 아름다움을 느끼고 무서운 것을 보면 두려움을 느낀다. 그러나 이 모든 상황은 꿈에서 깨면 하나도 남지 않고 사라져버린다. 마찬가지로 현재 존재하는 모든 사물이나 현재 일어나는 사건들은 긴 꿈속의 현실에 불과하다고 말할 수 있다.

이렇게 긴 꿈을 깨고 나면 모두가 사라지게 마련이다. 그 긴 꿈은 바로 일생이다. 일생을 마감하는 죽음이라는 사건을 맞이하면 현실의 모든 것은 다 사라지기 때문이다.

천국과 지옥이 있는 것 같기도 하고 없는 것 같기도 하다. 하나님과 내가 하나가 되면 그곳이 바로 천국이고 하나님과 나를 대립적인 관계에 두면 그곳이 곧 지옥이다.

'부부 일심동체'라는 말이 있다. 신혼 때는 서로가 자신을 잊은 채 몸과 마음이 하나가 되어 황홀경에 빠진다. 이러한 상태가 계속되는 동안 부부는 천국을 알게 된다. 일심동체 된 상태이기 때문이다. 세월이 흐르면서 이심동체二心同體가 되고 더 나아가면 너는 네가 되고 나는 내가 되어 이심이체二心異體가 된다. 서로가 마음 따로 몸 따로 있기 때문에 이 두 사람은 신혼 생활의 천국을 잃어버리고 지옥을 알게 된다.

진정한 천국과 지옥은 어디에 있을까? 하나님과 내가 완벽하게 하나가 될 때 그곳은 천국이 되고 하나님과 내가 따로 있을 때 그곳은 지옥이 된다. '나'라는 자아를 100퍼센트 소멸시켜 신일합일神一合一을 이루면 완전한 천국이고 지옥은 존재하지 않는다. 나를 50퍼센트만 소멸시킨다면 절반은 천국이고 절반은 지옥이다. 자아를 전혀 소멸시키지 않는다면 그곳은 완전한 지옥이 된다.

모든 것이 마음에서 비롯된다는 무함마드의 말을 빌린다면, 결국 천국과 지옥도 마음에서 비롯된다고 볼 수 있다. 마음에 신을 두면 그 마음에 신이 있는 것이요 마음에 신을 두지 않으면 신이 없는 것 아니겠는가. 마음에 천국을 두었는데 누가 그 사람의 마음에 천국이 없다고 말할 수 있으며, 마음에 천국을 두지 않았는데 누가 그 사람의 마음에 천국이 있다고 말할 수 있겠는가?

죽음이란
무엇인가
?

신의 곁으로 돌아가는
경건한 여행

신의 곁으로 돌아가는
경건한 여행

죽음 이후의 여행

임종은 천국으로 돌아가기 위한 탈바꿈이다. 신으로부터 와서 신의 곁으로 돌아가는 것이다. 그래서 이슬람교에서는 임종하는 사람이 신의 나라에 들어갈 수 있도록 일종의 신고를 한다. 본인이 할 수 있으면 스스로 신고하고 그렇지 못할 경우에는 임종을 지켜보는 사람이 대신한다. 신고 문구는 '라 일라하 일랄라' 즉, '알라 외에 다른 신은 없다'이다. 임종하는 사람의 마지막 말이 '라 일라하 일랄라'였다면 그 사람은 천국에 들어간다는 무함마드의 가르침에 따른 것이다.

　임종할 기미가 보이면 임종하는 자의 얼굴을 메카에 있는 카으바Kaaba 신전 쪽으로 두고『꾸란』'야신' 장을 읽어준다. 신의 말씀인『꾸란』을 많이 읽어줄수록 고인의 여행길이 평온해진다고 생각한다. 그래서 상을 당한 유족은 고인을 위해 낭송자를 모시고 『꾸란』을 낭송한다. 주위 사람들에게, 특히 멀리 떨어져 있는 지인들에게도 임종 소식을 알리면서 『꾸란』을 읽어달라고 부탁한다. 나 역시 이러한 경험이 있다. 미국과 쿠웨이트에서 살았던 지인이 상을 당하자 나에게 전화로 임종 소식을 알리면서 『꾸란』을 읽어달라고 부탁한 적이 있다. 나는 고인의 여행을 위해 『꾸란』을 두 번 읽어주었다.

임종을 지키는 사람들은 조용히 고인에 대한 덕담을 나누는 것 외에는 소리 내어 울지 않는다. 그리고 생명이 다하면 눈을 감겨준다. 장례식에 참석할 수 있도록 친척이나 고인 친구, 마을 어른들에게 부음은 알리되 소리 내어 울거나 곡은 하지 않는다. 죽은 사람이 살아 있는 사람들의 곡 때문에 고통을 받을 뿐만 아니라 곡을 하는 사람은 본인이 죽었을 때 생전에 곡을 한 만큼 고통을 받게 된다는 무함마드의 가르침에 따른 것이다. 그러나 이별의 슬픔을 이기지 못해 흘리는 눈물은 신이 인간의 마음속에 심어준 자비의 상징이니 자연스러운 것이라고 여긴다.

고인에 대한 애도 기간은 대상에 따라 다르다. 고인에 대한 여성의 애도 기간은 사흘을 넘기지 말라고 말한다. 그러나 남편이 사망했을 경우 넉 달하고도 열흘이 지나서야 재혼이 허락되는 것으로 보아 남편에 대한 부인의 애도 기간은 넉 달 열흘이라고 볼 수도 있다.

고인이 남긴 부채가 있을 경우 유족들은 서둘러 부채를 상환한다. 부채로 인해 고인의 영혼이 묶여서 상환될 때까지 쉬지 못하고 방황한다는 것이다. 그래서 유족은 고인이 남긴 재산이 있을 경우에 맨 먼저 고인의 부채를 청산한다. 혹시 확인되지 않는 고인의 부채가 있을 것을 감안해서 유족은 여러 방법으로 자선을 베푼다. 조문객들이 내는 조의금이 오히려 고인에게 짐이 될 수 있어 한국과 달리 조의금을 받지 않는다.

남녀노소를 막론하고 시구屍軀는 세척한다. 머리에서 발끝까지 미지근한 물과 비누로 씻은 후 깨끗한 하얀 수의로 갈아입힌다. 실크나 명주는 수의로 사용하지 않는다. 남자는 살아 있을 때도 비싸고 고운 명주옷을 입어서는 안 된다. 고운 옷은 살아 있는 여성이 입는 것이므로 여성의 수의로도 사용하지 않는다. 코와 귀는 솜으로 틀어막은 다음 두 발목은 나란히 묶고 두 손은 가슴 위에 올려놓는다. 시구를 씻는 동안 유족들은 『꾸란』 '얀얌' 장을 읽는다. 또한 전쟁에서 사망한 전사자나 메카 성지순례 중에 사망한 사람의 시신은 세척하지 않는다. 이 사람들의 몸에 묻어 있는 모든 냄새가 심판의 날에 향기로운 냄새로

발산한다는 무함마드의 가르침에 따른 것이다.

삶을 마무리하는 소박한 장례

장례식은 묘지로 가기 전에 근처 이슬람 사원이나 상가, 또는 장지 근처 공터에서 이맘 또는 이슬람에 조예가 깊은 무슬림의 주재하에 이루어진다. 메카의 카으바 신전을 마주 보고 시신 머리 쪽을 오른편에, 다리 쪽을 왼쪽으로 향하게 놓고 고인의 다리 옆에 이맘이 선다. 이맘 뒤편으로 조문객들이 3열, 5열, 7열 등 홀수 열로 선다. 고인을 위한 예배가 끝나면 들것에 실어 곧장 공동묘지로 향한다.

장지는 명당자리와 관계없이 고인 집에서 가장 가까운 이슬람 공동묘지로 정한다. 상여는 시구를 얹을 수 있는 들것이면 된다. 사치는 살아서도 혐오스러운 것이지만 고인에 대한 사치는 더욱 혐오스러운 것이므로 꽃상여는 고인의 여행길을 더 힘들게 만든다는 것이다. 장례 예배가 끝나고 나면 조문객은 유족에게 인사한 후 일상생활로 돌아간다.

노제는 고인에게 고통을 주는 행위로 여긴다. 상여는 가까운 친척 네 사람이 메고 가는데 중도에 다른 사람들과 교체할 수 있다. 시신을 운반하는 일은 공덕을 쌓는 일이다. 장례 행렬에 참여하는 조문객들은 '라 일라하 일랄라'를 마음속으로 암송하면서 장지까지 걸어서 따라간다. 장지는 집에서 가장 가까운 공동묘지가 되고 조문객과 더불어 걸어가므로 장례차는 필요 없다.

공동묘지에 도착하면 시신은 수평으로 안치하고 흰 천으로 가린다. 상여가 나갈 때는 누구도 상여를 앞질러 가지 않는다. 천사가 앞에서 상여에 실린 고인을 인도하기 때문이다. 단, 『꾸란』을 든 사람은 앞에서 걸어갈 수 있다.

이슬람교에서 고인의 시체를 화장하지 않고 매장하는 이유는 다음과 같다. 아담의 자손인 카인이 동생 아벨을 살해한 일은 인류 최초의 살인 사건이었다. 처음 있는 일이라 카인은 죽은 동생의 시체를 어떻게 처리할 줄 몰라 방황하였다. 그때 까마귀 두 마리가 나타나 서로 싸우다가 한 마리가 죽자 살아남은 까마귀가 발톱으로 땅을 헤치고 죽은 까마귀를 묻었다. 이 모습을 본 카인이 시체를 땅에 묻게 되었다는 게 『꾸란』의 언급이다. 이슬람교에서는 이 사건을 사람이 죽었을 때 시체를 땅에 묻어야 한다는 하나님의 가르침으로 여긴다.

시체를 땅속에 묻는 또 다른 이유는 이렇다. 죄인들이 죽으면 들어갈 곳은 뜨거운 유황불이 이글거리는 불지옥인데, 불은 사탄, 즉 이블리스를 만든 재료다. 천국과 지옥에 대한 결정은 신만이 내릴 수 있는 권한이다. 그렇기 때문에 신의 판결이 내려지기도 전에 인간이 인간을 불에 태우는 것은 신의 권리를 침해하고 신을 모독하는 사탄의 행위일 뿐만 아니라 시신에 고통을 주는 것으로 여긴다. 수장水葬도 허용하지 않는다. 9·11 테러 주범으로 알려진 오사마 빈라덴Osama Bin Laden이 사살되었을 때 미국은 매장을 피했다. 빈라덴이 묻힐 곳이 성지가 될 가능성을 배제할 수 없었기 때문이다. 그 대신 이슬람의 장례 문화를 존중해 수장을 했다고 했다. 그러나 수장 역시 이슬람의 장례 문화를 존중했다고 볼 수는 없다. 수장은 이슬람이 허용하지 않거나 혐오하는 사항이다.

묘는 일반적으로 70~80센티미터 정도 깊이로 파서 시신 얼굴은 메카 쪽을 향하게 한 후 머리는 오른쪽에 다리는 왼쪽에 두고 묻는다. 관을 사용하지 않고 천이나 양탄자로 시신을 싸서 묻으며 흙을 덮을 때는 땅 표면보다 높게 덮지 않는다. 지면에 가까운 평분平墳에다 고인 이름과 『꾸란』 구절이 새겨진 조그마한 대리석이나 표지판을 세우는 것이 전부다. 높은 봉분에다 요란한 비석을 세우는 한국 풍습과는 대조적이다. 묘소에다 집을 짓거나 비석을 세우는 것을 무함마드가 금지했으므로 무슬림의 무덤은 화려하지 않다.

하지만 후세에 들어와 왕이나 시아파Shiah派 성인, 또는 시성詩聖의 묘를 중심으로 그 위에다 거대한 건물을 화려하게 세웠다. 그래서 묘는 이슬람 성원, 궁전 건물과 더불어 이슬람 문화를 상징하는 건축물이 되었다. 그 대표적인 것이 이란과 이라크에 있는 시아파의 열두 이맘의 묘를 비롯해 인도의 아그라 지역에 있는 타지마할이다.

매장이 끝나면 사람들은 고인을 위해 『꾸란』 첫 장인 알파티하Alfatihah를 암송한 후, 40보 정도 물러나서 다시 암기한다. 이때부터 고인은 죽음과 시신을 관장하는 문카르Munkar와 나키르Nakir 두 천사의 안내를 받으며 신앙에 대한 질문을 받는다고 한다.

장례식은 사흘을 넘기지 않는다. 무함마드는 매사에 서두르지 말라고 가르쳤는데, 서두르다 보면 화를 자초하고 후회하는 일이 생기기 때문이다. 그러나 반드시 서둘러야 하는 것이 있다. 좋은 일, 성장한 자녀를 결혼시키는 일 그리고 사람이 죽었을 때 장례를 치르는 일이다. 장례 기간이 길면 길수록 고인의 여행을 고통스럽게 만든다고 믿어서 무슬림들은 지위고하를 막론하고 서둘러 장례를 치른다. 신 앞의 모든 피조물은 평등하다는 가르침에 따라 비록 고인 신분이 제왕이라 할지라도 사흘을 넘기지 않는다. 아침에 임종하면 바로 그날, 오후에 사망하면 다음 날 오전에 장례를 치르는 것이 일반적이다. 이슬람의 종주국인 사우디아라비아 파드 국왕이 서거했을 때에도 국왕의 시체는 가장 가난한 서민과 다름없이 초라한 들것에 실려 공동묘지에 매장되었다.

매장한 후 사흘이 지나면 가족과 친지들이 묘를 찾아가 『꾸란』을 암송하며 고인을 위해 기도를 올린다. 이때 음식이나 음료수 등은 차리지 않는다. 여행을 떠나기 전에 음식을 대접하는 것은 고인의 여행을 즐겁게 하지만 저세상으로 영원히 떠나버린 고인을 위해 제사상을 차리는 것은 고인의 여행을 괴롭게 하는 것이다. 그래서 무슬림 가정에는 우리나라에서처럼 제사 문화가 없다. 이 세상에 살아 있을 때 대접은 대접하는 자와 받는 자가 다 같이 신의 축복을 받지만, 고인에게 바치는 제사상은 상을 차리는 자와 상을 받는 자 모두 신의 노여움을 사게 된다.

2부

나와 우리

나는 누구인가? 나는 왜 일을 해야 하는가? 개인과 사회는 어떤 관계인가? 그리고 그 속에서 우리가 추구해야 할 가치는 무엇인가? 무함마드는 노동을 통해 스스로 얻은 양식으로 살아가는 것이야말로 인간에게 주어진 축복이라고 말한다. 또한 공동체의 중요성을 강조했는데, 자신을 사랑하듯 이웃을 대하는 것이 진정한 형제애라고 이야기하면서 당시 만연해 있던 인종차별과 주종관계를 타파하기 위해 노예 해방에 앞장서는 모습을 보였다. 사람과 사람 사이의 평등사상을 실현하려 했던 무함마드에게 우리의 고민을 묻는다면 그는 어떤 대답을 해줄 수 있을까?

나는
누구인가
?

끊임없이 신을 향해
다가가려는 피조물

끊임없이 신을 향해
다가가려는 피조물

'나'라는 존재에 대한 무함마드의 탐구

생물학자들은 인간이 오랜 진화 과정의 산물이라고 말한
다. 그렇다면 신의 인간 창조와 어떻게 다른가? 더 나아가
'나'는 어디에서 왔는가?

서력 570년, 무함마드가 태어났을 때 할아버지는 손수
손자 이름을 '무함마드'라고 지었고, 어머니는 임신 중에
아들 이름을 아흐마드Ahmad라 지었다. 그래서 『꾸란』에
는 두 이름 모두 언급된다. 유복자로 태어난 무함마드는
부친의 사랑을 전혀 느껴보지 못했다. 무함마드는 어머니
슬하를 떠나 멀리 떨어진 사막에 사는 유목민 가정의 유
모 손에서 자라다가 네 살 때 모친에게로 돌아왔지만 여
섯 살 무렵에 모친마저 세상을 떠났다. 무함마드는 아버
지가 없는 외로움을 달랠 겨를도 없이 모친을 잃은 슬픔

을 감당해야 했다. 부모를 잃고 고아가 된 무함마드는 할아버지의 사랑을 받았지만 그것은 부모의 사랑과는 달랐다. 그러다 여덟 살이 되었을 때 할아버지마저 세상을 떠났다. '이제 누구에게 의지해야 할 것인가?' 의지할 사람을 다 잃고 홀로 남은 어린 무함마드의 마음은 슬픔과 고독으로 가득 차 있었을 것이다.

당시 무함마드의 마음을 이해할 수 있는 이유는 나 역시 유복자로 태어나 무함마드와 유사한 어린 시절을 보냈기 때문이다. 무함마드가 아버지 초상화도 보지 못했던 것처럼 나 역시 부친 사진은커녕 초상화 한 장 보지 못했다. 부친이 사상 문제에 얽혀 총살형을 당하신 터라 부친과 함께한 분들도 그 화를 면치 못했다. 그래서 내 부친과 함께했다는 근거 사진을 지녔던 친척들과 주위 사람들은 총살형이 두려워 그 사진들을 소각해버렸다. 이러한 어린 시절의 경험 덕분에 무함마드에게 충분히 공감할 수 있었다.

무함마드가 마지막으로 의지한 사람은 삼촌이다. 가난했던 삼촌은 남의 양을 길러 그 품삯으로 대가족을 부양했고, 무함마드는 삼촌을 따라다니며 양을 돌보았다. 삼촌 집에서 더부살이하면서 무함마드는 부모에 대한 그리움을 한순간도 잊을 수 없었다.

무함마드는 열두 살이 되면서부터는 샴 지역으로 대상

무역을 떠나는 삼촌을 따라다녔다. 사막에서 노숙 생활을 하는 동안 별이 총총한 밤하늘은 무함마드의 외로움과 고독을 달래주는 다정한 친구가 되어주었다.

일찍이 부모를 여읜 무함마드는 누구와도 사랑과 우정의 대화를 나눌 수 없었지만, 사막에서 밤하늘과 대화하면서 그럴 수 있는 대상을 찾았다. 무함마드는 제대로 된 교육을 받을 수 없는 환경이었지만 나라 밖에서 여러 문물을 직접 보고 들을 수 있었고, 소년 시절부터 남다른 상술을 터득할 수 있었다. 무함마드는 가난 때문에 어렵게 살았지만 이 여행을 통해 물질적 여유를 얻었다. 이러한 무함마드의 해외 체험은 그로 하여금 사람들에게 해외 문화 체험과 지식 탐구를 강조하는 명언을 남기게 했다. "중국에까지 가서라도 문물을 익히고 체험해야 합니다."

인간의 창조 과정

무함마드는 밤하늘과 대화하면서 존재에 대한 의문을 품게 된다. 무함마드가 그런 의문을 마음에 품었다는 것은 『꾸란』 곳곳에서 찾아볼 수 있다. '저 별은 어디서 왔다가 어디로 가는 것일까?', '낮에 사막을 불바다처럼 뜨겁게 달구었던 태양은 어떻게 존재하게 되었을까?', '최초의 조상은 누구일까? 그리고 어떻게 존재하게 되었으며, 최초

의 조상을 존재하게 한 실체는 무엇일까?'라는 의문들을
마음속에 품게 된다.

무함마드는 마음속 의문에 대한 답을 얻지 못하자 오랫
동안 고민에 빠진다. 무함마드는 그 고민을 해결하기 위
해 명상을 시작했다. 무함마드가 마흔 살이 되던 610년,
천사 가브리엘Gabriel이 명상에 빠져 있던 그 앞에 나타나
무함마드가 품고 있던 의문에 대한 답을 알려주었다. 가
브리엘은 '모든 인간의 시조는 창조주의 창조로 존재하
게 된 아담과 하와의 자손'이라는 하나님의 말씀을 전달
했다. 『꾸란』은 이러한 인간 창조 과정을 자세히 언급하고
있다.

> 하나님께서 흙으로 아담을 창조하신 후부터는 한 방울의
> 정액을 응혈시켜 어린아이를 탄생시키고, 그런 다음에는
> 청년이 되게 하고, 그런 다음에는 노인이 되게 하시느니
> 라.(『꾸란』 35:11, 40:68, 75:37-38)

무함마드는 『꾸란』에 근거하여 아담과 하와가 창조되는
과정을 『무함마드의 언행록』에서 다음과 같이 설명했다.

> 금요일에 하나님께서 흙으로 사람의 형상을 빚어 말린 다

음, 그 안에 생명을 불어넣자 사람의 형상이 눈을 뜨고 귀가 열렸으며 심장이 뛰기 시작했습니다. 하나님은 만물 가운데 인간을 가장 아름답게 만드셨습니다. 금요일은 태양이 떠올랐고 아담과 하와가 땅으로 내려온 날이며 다시 그곳으로 가는 날입니다. 이처럼 금요일은 위대한 날이므로 이슬람의 공휴일이 되었습니다.

인종에 따라 피부색이 다른 이유도 설명하였다. 하나님이 천사들을 지구로 내려보내 빨간색, 검정색, 하얀색의 삼원색 흙을 가져오게 했고, 이를 배합하여 인간을 만들었다. 이때 우성과 열성의 법칙에 따라 사람 피부색이 여러 가지로 나타나게 되었다. 아프리카 흑인은 피부가 검고, 유럽의 백인은 피부가 하얗고, 동양의 황인은 약간 불그스레한 피부색을 가지고 태어난다.

아랍어로 아담은 '지구 표면', 또는 '지구 표면의 흙'이라는 뜻을 지닌다. 하나님이 아담을 흙으로 빚었으니 최초의 인간을 '아담'이라 명명했다. 흙을 달이나 화성 같은 다른 행성에서 가져오게 하지 않고 이 땅에서 가져오게 한 이유는 인간을 지구로 보내 신의 대리자로서 관리하고 다스리도록 하기 위해서다. 인간을 지구의 흙으로 빚어내면 그 환경에 적응하는 데 훨씬 수월할 것이기 때문이다.

또한 모든 인간은 '한 몸Nafs Wahidah'에서 비롯되었다고 『꾸란』에 쓰여 있다. 아담은 원래 양성兩性이었으나 하나님께서 그로부터 여자를 분리해 남자와 여자를 따로 두었고, 둘이 결합해 많은 자손을 두도록 했다.

한 몸에서 너희를 창조했고 거기에서 배우자를 두어 그 둘로 하여금 남자와 여자를 많이 두라 하셨느니라.(『꾸란』 4:1)

『꾸란』의 모든 아랍어 명사는 남성과 여성으로 구분되는데, '납스Nafs'는 남성명사고 '와히다Wahidah'는 여성명사다. 이 구분은 최초의 인간이 양성을 가진 상태로 창조되었다는 증거가 된다.

그렇다면 최초의 여성은 어떻게 창조되었을까? 하나님께서 아담을 잠들게 한 뒤에 왼쪽 가슴에 있는 갈비뼈 하나를 뽑아 여자를 만들었다. 잠에서 깨어난 아담은 자기 옆에 마음을 끄는 아름다운 여자가 있는 것을 보고 놀라서 물었다.

"내가 잠들기 전에는 아무도 없었는데!"

"맞습니다."

"그렇다면 당신은 내가 잠들어 있는 동안에 왔습니까?"

"그렇습니다."

"어디에서 왔습니까?"

"당신으로부터 왔어요. 당신이 잠들어 있는 동안, 하나님께서 당신의 갈비뼈 하나를 뽑아 저를 만들었어요. 이제 당신이 깨어났으니 저를 당신의 품 안으로 끌어안아 주지 않겠습니까?"

"하나님께서 왜 당신을 창조했습니까?"

"당신과 동침해 자손을 두고 그 자손들이 대를 이어가면서 하나님께서 내리신 임무를 수행하도록 하기 위해서입니다."

이 말을 듣고 아담은 외롭게 지내던 자신에게 여자를 보내주신 하나님께 감사하면서 그녀를 '하와'라 이름 지었다. 아담은 생명이 없는 흙으로 빚어 창조했지만 하와는 아담의 갈비뼈와 살아 있는 세포로 만들어졌으니 그녀를 '살아 있는 존재'라는 뜻을 지닌 하와라고 명명한 것이다. '아담'이라는 이름은 하나님이 직접 지었고, '하와'라는 이름은 남자가 지은 셈이다. 남자가 임신을 못 하는 이유는 생명이 없는 흙에서 만들어졌기 때문이고, 여자가 새로운 생명을 잉태하고 낳을 수 있는 이유는 아담의 살아 있는 세포로 만들어졌기 때문이다.

인간은
왜
지구에서 살고 있나
?

인간을 위한 낙원,
지구는 우리의 영토

인간을 위한 낙원,
지구는 우리의 영토

지구를 다스리는 자

인간은 왜 달이나 화성이 아닌 지구에 살고 있을까? 이에
대해 『성경』은 인간의 시조인 아담과 하와가 하나님께서
금기한 선악과를 맛본 죄로 지구로 추방되었기 때문이라
고 주장한다. 반면에 『꾸란』은 지구가 만들어졌을 때 천
사들의 질문에 하나님께서 답하시면서 아담을 신의 대리
자로 보내겠다는 말씀하셨고 그로 인해 인간이 지구로 내
려와 살고 있다고 주장한다. 이슬람교에서 말하는 인간이
창조된 곳은 지구가 아니라 '그곳', 바로 천국이다.

> 그곳으로부터 너희를 창조해 그곳으로 너희를 돌려보낼
> 것이니라.(『꾸란』 41:21)

지구가 만들어졌을 때 천사들이 창조주에게 누구에게 지구를 다스리도록 하시겠느냐고 묻자, 창조주는 인간을 창조해 지구로 내려 보내겠다고 대답하셨다.

주님께서 천사들에게 말씀이 있었노라. 내가 지상에 한 대리자를 둘 것이라.(『꾸란』 2:30)

『무함마드의 언행록』에서도 아담이 하나님의 대리자로 이 땅에 오게 되었다고 전한다. "이 땅은 푸르고 아름답습니다. 하나님께서는 그곳에 당신의 대리자를 두시고 여러분이 이 땅에서 어떻게 처신하는지 감시하고 계십니다. 그러므로 이 세상의 유혹과 여성의 매력을 조심하십시오. 이스라엘 자손들이 겪은 첫 시련의 원인은 바로 여성이었습니다."

하나님은 아담과 하와에게 땅으로 내려가 정착해 얼마 동안 세상을 즐기며 살라고 하셨다. 그리고 죽음을 통해 땅으로부터 부활할 것이라고 하면서 추방될 이블리스는 인간의 적이니 항상 주의하라고 당부했다. 『무함마드의 언행록』에 따르면 아담과 하와가 땅으로 내려왔을 때 천국의 나뭇잎으로 부끄러운 곳을 가렸는데, 뜨거운 태양열 때문에 피부에 상처를 입은 아담은 하와에게 그 사실

을 이야기했다. 그러자 가브리엘이 면을 가져왔고 하와가
면으로 천을 짜서 옷을 만들어 아담에게 입혔다고 했다.

아담의 자손들이여 너희에게 옷을 내리나니 그것으로 너
희의 부끄러운 곳을 가리고 아름답게 꾸밀 것이니라.

(『꾸란』 7:26)

하나님께서 옷을 주신 이유 중 하나는 신체의 부끄러운
곳을 가리는 것이요, 다른 하나는 몸을 장식하는 것이라
고 했다. 한편 이블리스는 불신과 의도적인 불복종 죄를
지어 하나님의 저주를 받아 천국에서 추방되었다. 하나님
은 이블리스를 추종하고 따르는 자 모두 지옥에서 살게
될 것이라 말했다.

왜 아담과 하와는 지구로 내려왔나?

『꾸란』은 하나님이 일곱 개 층으로 일곱 개 하늘을 창조
했다고 전하는데 무함마드는 아담이 지구로 내려오기 전
에 지구에서 가장 가까운 첫 번째 하늘에 있었다고 했다.
아담이 이 땅에 첫발을 내디딘 곳은 지금의 메카 카으바
신전 자리였는데, 그곳에 도착한 아담은 이 땅에 무사히
도착했다는 감사 기도를 올렸다. 하와가 도착한 곳은 메

카에서 가까운 지금의 젯다Jeddah 지역이다. 아담은 가브리엘의 안내로 하와가 있는 곳을 알게 되었는데, 이후 이 지역은 아라파트Arafat로 불렸다. 아담과 하와가 이 동산에서 첫날밤을 보낸 이후로 메카를 찾는 순례자들은 이슬람력 12월 9일 하지Hajj 기간 중에 이 지역에서 하룻밤을 지새우는 의식을 치른다. 무함마드가 하지를 아라파트에서 체류하는 것이라고 강조한 후로 순례자가 이 지역을 찾는 것이 순례의 네 가지 필수 요건 중 하나가 되었다.

하와 손자들은 하와를 '잣다Jadda'라 불렀는데, 이 말은 후대에 할머니를 뜻하는 단어가 되었다. 사우디아라비아 서부에 위치한 항구도시 '제다Jedda'의 명칭도 하와의 무덤이 이곳에 있다고 해서 붙여졌는데, 하와의 무덤은 사우디아라비아 정부에서 직접 관리하고 있다.

아담과 하와는 천국에서는 동침하지 않고 어느 계곡의 양쪽 가장자리에서 각각 잠을 잤다. 두 사람이 땅으로 내려와 가브리엘이 동침하는 방법을 가르쳐준 이후에는 함께 잠을 잤다. 아담이 많은 자손을 두었다는 이야기가 있으나 『꾸란』에는 자손들 이름을 언급하지 않고 두 자손에 관한 이야기만 소개하였다. 하와는 다산하였는데 쌍둥이를 낳은 경우도 꽤 많았다. 처음에는 카인Qabil과 여아, 두 번째는 아벨Habil과 여아가 쌍둥이로 태어났다고 했다.

아담의 두 아들에 관한 이야기를 사실대로 전하라. 두 아들이 각기 제물을 바쳤을 때 하나는 받아들여지고 다른 하나는 받아들여지지 아니했느니라. 그러자 한 아들이 말했더라. 내가 너를 반드시 죽이고 말 것이라. 그러자 다른 아들이 말했더라. 하나님께서는 신앙심이 두터운 자의 것을 받으시니라.(『꾸란』5:27)

땅에 내려온 아담은 가브리엘이 가져다준 일곱 개 밀낱알을 땅에 뿌린 후 수확해 빵을 만들어 먹었는데, 이것이 지상에서 처음으로 먹은 음식이다. 아담이 최초로 입은 옷은 양털로 만든 '줍바Jubbah'였으며, 아내 하와도 아담이 양털로 만들어준 드레스를 입고 스카프를 만들어 머리를 가리는 데 썼다.

『꾸란』은 인간이 지구로 내려오게 된 것을 하나님이 예정하신 일로 귀결시킨다. 하나님이 천사들에게 내가 지구에 대리인을 둘 것이라 말씀하셨기 때문이다. 그러자 천사들이 지구를 걱정하는 마음으로 하나님께 "질서를 파괴하고 살상을 할 인간을 그곳에 두려 하십니까?"(『꾸란』2:30)라고 말한다. 자유의지를 가진 인간이 지구의 주인이되면 사탄의 유혹에 넘어가 무질서를 초래하고 서로 피를흘리게 될 것이라는 말이다. 그러나 천사들의 염려에도 불구하고 하나님은 "너희가 알지 못하는 것들을 나는 다 알고 있느니라"(『꾸란』 2:30)라고 말하며, 뜻이 있어 인간을 지구로 보내는 것인데 천사들이 그 뜻을 모른다고 말씀하셨다.

아담과 하와가 천국을 떠나 지구로 올 때, 본래의 모습대로 오지 못하고 변태의 과정을 거쳤다고 한다. 무함마드는 아담이 창조되었을 때는 키가 60디라Dira, 약 34미터였지만 차츰차츰 작아졌다고 설명한다. 천국 환경과 지구 환경이 다르므로 지구 환경에 적응할 수 있는 모습으로 탈바꿈한 것이다.

『꾸란』 내용을 토대로 살펴보면 아담과 하와는 하나님의 말씀을 거역하고 선악과를 따먹은 원죄 때문에 천국에서 쫓겨나 지구로 유배된 게 아니다. 오히려 하나님이 예정하신 계획에 따라 지구로 내려와 살게 된 것이다.

인간은
왜
일을 하는가
?

현세의 행복,
내세의 안식을 위한 유일한 방법

현세의 행복,
내세의 안식을 위한 유일한 방법

노동과 삶의 가치 실현

인간은 왜 일을 하며 살아야 할까? 무함마드는 인간의 노동을 긍정적으로 보았을 뿐만 아니라 인간이 행복해지는데 필요한 조건이라고 보았다. 무함마드는 현세의 행복과 내세의 행복을 모두 얻는 자가 훌륭한 인간이라고 말한다. 현세에서 행복을 누리고 내세의 행복을 준비하도록 하기 위해 하나님께서 이 세상의 모든 것을 창조했으므로 이를 누리라고 『꾸란』은 전한다. 그러나 그 양식은 노동을 통해서 얻어야 하므로 하나님을 숭배하는 시간 외에는 지구촌을 돌아다니며 일을 하고 사업을 해야 함을 강조한다.

하나님께서는 인간을 위해 이 세상의 모든 것을 창조하셨느니라. 그러므로 하나님께서 베푼 양식을 먹고 마시

라.(『꾸란』 2:60)

예배가 끝나면 지구촌 이곳저곳에 흩어져 하나님의 은총을 추구해야 되느니라.(『꾸란』 62:10)

그러므로 노동으로 벌어들인 수입이 가장 깨끗한 재산이며 그 수입으로 살아가는 자가 내세에서 가장 큰 행복을 얻는 사람이다. 무함마드는 하나님을 경외하면서 노동을 통해 모은 부와 재산에는 아무런 잘못이 없다고 말한다. 이렇게 노동을 통한 소득으로 가정을 돌보며 합법적으로 살아가는 자는 빛난 얼굴로 하나님을 만날 수 있을 것이라고 이야기한다.

또한 노동을 통한 자족을 추구하되 구걸은 자제해야 한다고 경고한다. 구걸 행위를 자제하는 사람에게는 하나님께서 만족하게 만들어줄 것이고, 스스로 자족하려고 노력하는 자에게는 자족하며 살 수 있도록 만들어준다는 것이다.

무함마드도 어려서부터 노동을 하며 생계를 유지했고 청년이 되어서는 상거래를 하며 살아갔다. 무함마드는 여덟 살부터 사 년 동안 삼촌 아부 딸립Abu Talib 밑에서 양 치는 일을 했다. 제자들이 무함마드에게 예언자들이 양 치는 목동 생활을 했느냐고 묻자 자신도 몇 푼의 품삯을 받고 양치는 목동 생활을 했으며, 이전의 모든 예언자도 양치는 일을 했다고 이야기한다.

열두 살이 되면서부터는 당시 비잔틴 제국의 속국이었던 오늘날의 시리아 지역으로 대상 무역을 떠나는 삼촌을 따라다니며 상술을 터득했고 스무 살이 넘어서는 많은 실적을 올리기 시작했다. 무함마드가 상술에 탁월한 재능이 있다는 소문이 메카 장안에 퍼져 나갔다. 실적이 좋았던 무함마드는 이 회사 저 회사로부터 스카우트 제의를 받았다. 당시 메카에서 대상 무역을 하던 큰 재력가 중 한 사람인 카디자Khadija란 여인이 무함마드를 스카우트했고, 무함마드에게 대리 무역을 위탁했다. 무함마드는 카디자가 만족할 정도의 실적을 올렸다. 카디자는 실적에 대한 보상은 말할 것도 없고, 누나처럼 무함마드를 아껴주었고 때로는 어머니처럼 가까이에서 보살펴주었다.

노동이 주는 또 다른 행복

우리가 현세에서 일을 하며 살아야 하는 이유는 무엇일까? 노동은 인간에게 어떤 의미를 가질까? 무함마드는 우리가 스스로 일하여 얻은 것을 먹는 것보다 더 좋은 음식은 없다고 말한다. 또한 누군가에게 구걸을 했다가 거절당해서 수모와 창피를 당하고, 모멸감을 느끼는 것보다 자신이 일하여 번 것으로 자족하는 삶이 행복한 삶이라고 이야기한다. 무함마드가 이렇게 말할 수 있는 이유는 그도 어린 시절에 다양한 노동을 하며 자랐기 때문일 것이다. 무함마드는 스스로 일해서 생계를 유지하는 자는 내세의 징벌로부터 보호받는다고 말하며 노동을 신성하게 생각했다.

『꾸란』에는 무함마드 외의 다른 예언자들의 노동도 언급되어 있다. 예언자 '사가라' 역시 목수 일을 하며 생계를 유지했으며, 특히 다윗은 스스로 일해 얻은 것으로 생계를 유지했고 자신이 일해서 얻은 것이 아니면 먹지 않았다고 전해진다. 다윗은 대장장이로 일하면서 철 다루는 기술을 익혔고 갑옷을 만들어 여러 전쟁에서 승리를 이끌어냈다.

나는 다윗으로 하여금 쇠를 부드럽게 하도록 했느니라. 그는 그것으로 갑옷을 만들었느니라.(『꾸란』 34:11)

이처럼 무함마드는 자족하는 삶을 매우 중요하게 생각했다. 무함마드는 인간이 노동을 하는 것 자체로도 축복을 받을 수 있다고 말한다. 노동으로 물질적 수확을 얻는 것은 자신을 위한 축복이지만 이로 인해 타인에게도 도움이 될 수 있기 때문이다. 예를 들어 열심히 일해 논밭을 일구어놓았다면 사람을 위한 양식이 되는 것은 물론이고, 여기에 한 그루의 나무까지 심는다면 동물이나 새들을 위한 먹이를 제공하게 되는 것이기 때문이다.

우리가 일을 해야 하는 본질적인 이유는 현세의 행복을 얻기 위해서 뿐 아니라 내세의 안식처를 준비하기 위해서이다. 무함마드는 "너희에게 베풀어준 것으로 내세의 안식처를 구하라"라고 말한다. 현세와 내세의 행복은 멀리 있는 것이 아니다. 자신에게 주어진 일에 최선을 다하고 노동을 통한 기쁨을 맛보는 것이야말로 인간에게 주어진 근본적인 행복일 것이다.

개인과
공동체의 관계는
무엇인가
?

믿음을 바탕으로
사랑을 실천하라

믿음을 바탕으로
사랑을 실천하라

이웃을 대하는 자세

우리말에 이웃사촌이라는 말이 있다. 무함마드는 집 대문
에서 가까운 쪽이 더 밀접한 이웃사촌이라고 했다. 그 이
웃이 다른 사람들보다 더 많은 권리를 갖는다. 그래서 주
고 싶은 게 있을 때는 그 이웃이 첫 번째 순서라고 했다.
무함마드의 아내 아이샤Aisha가 친정집 양쪽에 두 이웃을
두고 있었는데 어느 이웃에게 먼저 선물을 주어야 할지
모르겠다고 묻자 무함마드는 건물보다는 드나드는 문에
가까운 쪽이 더 밀접한 이웃사촌이라고 대답하였다. 이
와 관련하여 무함마드는 이웃을 배려하고, 아끼고, 대접하
고, 사랑하며, 이웃에게 피해를 주지 말라고 일렀다. 문을
두드리는 이웃 손님에게 자비를 베풀어야 한다는 것이다.
이웃으로 하여금 안전하지 않다고 느끼게 하는 자는 알라

를 믿는 자가 아니라며 이웃의 안전을 강조했다.

무함마드가 한 여인에 대한 질문을 받은 적이 있다. 이 여성은 예배에 충실하고 금식도 잘 지키며 자선도 잘 베푼 사람이었다. 그런데 입으로 이웃에게 마음의 상처를 주곤 했다. 어떤 사람이 무함마드에게 이 여인에 대하여 질문하자 무함마드는 이 여인이 지금 지옥에 있다고 대답했다. 이번에는 추가 예배도 수행하지 않고 자선도 그다지 베풀지 않았지만 이웃에게 상처를 주거나 해를 끼치지 않은 여인이 있다는 말을 듣자 무함마드는 그 여인이 바로 지금 천국에 있다고 했다.

무함마드는 이웃에 대한 예절을 실천함으로써 모범을 보였다. 이웃에게 친절하고 예의를 갖추어야 한다는 것은 도움이 필요할 때 도와주고, 아플 때 방문하고, 일반적인 복지에 관하여 협조하고 돕는다는 내용을 담고 있다. 학자 아부 바크르 자자이리Abu Bakr al Jazairi는 이웃 간의 의무와 권리를 이렇게 정의하였다. "도움을 청하는 이웃을 도와야 하고, 지원을 청하는 이웃을 지원해야 하고, 아픈 이웃을 방문해야 하고, 좋은 일이 있는 이웃을 축하해야 하고, 고생을 하는 이웃을 위로해야 하고, 궁핍한 이웃을 도와줘야 하고, 이웃에게 먼저 인사해야 하고, 이웃에게 친절하게 말해야 하고, 이웃 아이들을 따뜻하고 친절하게

대해야 하고, 현세와 내세를 위한 안내자가 되어주어야
하고, 실수를 덮어주어야 하고, 사생활을 염탐하지 않아야
하고, 집을 지을 때나 개량할 때 이웃의 벽과 달라붙게 하
지 말아야 하고, 쓰레기나 폐기물을 이웃집 주변에 버리
지 않아야 합니다. 이러한 배려와 예절이 알라께서 명령
하신 선행들입니다."

유대 관계를 위해 필요한 것

사람과 사람 사이에 가장 튼튼한 유대 관계가 무엇이냐고
질문한다면 혈육 간의 관계, 이웃 간의 관계, 동일 민족 간
의 관계, 동일 국적 간의 관계라고 말할 수 있다. 하지만
『꾸란』은 비록 혈육 간의 관계라 할지라도, 관계 바탕이
알라의 가르침과 무함마드의 모범을 따르지 않는 관계라
면 서로가 서로에게 불행한 결과를 가져다준다고 말한다.
그 예로 카인과 아벨의 관계와 요셉과 형제들의 혈육 관
계를 제시하였다. 형 카인은 동생 아벨을 살해했고, 요셉
은 다른 형제들 손으로 우물에 버려졌다. 모두가 혈육으
로 맺어진 관계다.

이와 유사한 사건들은 오늘날 전 세계에서 비일비재하
게 발생한다. 사람과 사람과의 관계가 자신들의 욕망과
물질적 관계로만 변화했기 때문이다. 주위를 살펴보면 이

해관계에 따라 혈육마저도 손쉽게 저버리는 사람들을 볼 수 있다. 이 모든 것이 한 가지 사실을 말해준다. 세속적인 이익을 추구할 목적으로 관계를 맺는다면, 비록 그 관계가 혈육 관계든, 이웃 관계든, 동일 민족 사이에 맺어진 관계든, 그 세속적인 목적이 달성되지 않으면 그 관계는 붕괴된다.

하나님께서는 믿는 자들의 마음에 사랑을 불어넣으셨느니라. 만일 너희가 지상의 모든 것을 사용하여도 그들의 마음을 사랑으로 채울 수 없느니라. 그러나 하나님께서는 그들 사이에 사랑을 베푸셨느니라.(『꾸란』8:63)

『꾸란』은 사람과 사람을 가장 튼튼하게 결속할 수 있는 것은 바로 창조주에 대한 올바른 믿음에 바탕을 둔 홍익인간의 유대 관계라고 했다. 이는 창조주에 대한 믿음과 사랑이 녹아서 생긴 유대 관계이기 때문이다.

남자나 여자나 믿는 자들은 모두 서로를 위한 보호자들이라. 그들은 선을 권장하고 악을 퇴치하며 예배를 드리고 헌금을 바치며 알라와 그분의 예언자에게 복종하느니라. 그리고 믿는 자들은 한 형제들이니라.(『꾸란』9:71, 49:10)

『꾸란』은 믿음에 의한 관계가 가장 튼튼한 유대 관계라는 것을 보여준다. 왜냐하면 창조주 한 분만을 숭배해야한다는 단 하나의 목적을 위해 모든 사람으로 하여금 서로 어울리도록 하면서 사람들에게 보편적인 사해동포애와 형제애를 구축할 것을 촉구하기 때문이다. 이에 근거하여 무함마드는 『무함마드의 언행록』에서 화목하고 건전한 공동체Ummah 구축을 위한 형제애를 촉구했다.

믿는 자와 믿는 자는 서로를 지탱해주는 하나의 건물과 같습니다. 그러므로 서로 사랑하고, 서로 자비를 베풀고, 서로 동정해야 합니다. 몸 한 곳이 아프면 몸 전체가 잠을 이루지 못하고 열병으로 시달리는 것처럼 공동체도 그와 마찬가지입니다.

공동체가 추구해야 할 사랑이란 정의를 실현하며 서로 협력하고 지원해주는 것이다. 『꾸란』은 이웃이 박해를 받고 학대를 받는다면 정신적, 물질적으로 이웃을 도와 박해와 학대로부터 해방시켜주는 것이 이웃에 대한 의무요, 공동체 구성원들의 책임이라고 강조한다.

너희는 하나님의 길에서 남자와 여자 그리고 약자와 어린

이를 위해서 투쟁하지 않겠느냐? 그들은 기도하고 있느니라. 주여! 이 어두운 압박의 마을로부터 저희를 구하여주소서. 당신께서 저희를 보호하여주소서. 당신께서 저희로 하여금 승리하게 하여주소서.(『꾸란』 4:75)

개인은 자기가 사는 공동체의 법을 준수하는 시민이 되어야 하고 존경받는 이웃이 되어야 한다. 좋은 일은 앞장서서 실천하고 나쁜 일은 금지해야 하는 것이다.

너희는 인류를 위해 선을 촉구하고 악을 철폐하도록 하기 위해 세워진 공동체니라.(『꾸란』 3:104)

살인, 절도, 강도, 강간 등은 말할 것도 없이, 도박 중독이나 알코올의존증, 마약중독에 빠져 스스로는 물론이고 혈육으로 맺어진 가족 공동체와 사회 공동체에 해를 끼치는 것은 천국의 문을 닫고 지옥의 문을 두드리는 행위라고 했다.

무함마드는 이웃과 타인과의 화목한 유대 관계를 유지하고 건전한 공동체를 구축하는 데에는 인사를 나누고 생활에 필요한 부담 없는 선물을 주고받으며 이웃 간에 서로 방문하는 것이 중요하다고 말한다. 무엇보다도 화목한 이웃사촌을 만들고 건전한 공동체의 밑바탕이 되는 형제애 실현은 이웃에 대한 나의 의무를 다하고 공동체를 위한 나의 책임을 다할 때만 가능하다. 이론과 구호로만 외치는 형제애는 아무런 의미와 가치가 없다.

무함마드는 이웃을 위한 의무로 여섯 가지 실천 방법을 제시하였다. 이웃을 만났을 때 인사하고, 초청을 받으면 수락하고, 자문이나 조언을 구하면 그에 답하는 것이다. 상대가 재채기를 하면 '알라께 감사를 드립니다. 나의 몸에서 나쁜 것을 내보내주신 알라께 감사합니다'라고 말하고, 몸이 아프면 방문하고, 사망하면 운구를 따라가는 것이다. 이렇게 하나님을 위해 이웃을 사랑하고 타인을 사랑하고 그 감정을 표시하면 유대 관계가 오래 지속될 것이라고 무함마드는 전한다.

건전한 공동체를 위한 형제애는 이론이나 구호로 이루어지는 것이 아니다. 믿음을 바탕으로 한 사랑의 실천으로 이룰 수 있다. 진정한 사랑이란 바로 자신을 사랑하는 것처럼 이웃을 사랑하고 다른 사람들을 사랑하는 것이다.

평등이란
무엇인가
?

신만이 유일한 주인,
따라서 신 앞의 모든 인간은 동등

신만이 유일한 주인,
따라서 신 앞의 모든 인간은 동등

형제애와 평등사상

위대한 성인으로 일컬어지는 부처, 공자, 예수, 무함마드의 정신은 오늘날까지도 큰 영향을 끼치고 있다. 부처의 정신이 깃든 불교의 상징이 자비이고, 공자가 주장한 유교의 핵심이 충효이고, 예수와 기독교의 가르침이 사랑이라고 한다면, 무함마드가 이슬람교를 통해 전하고자 했던 키워드는 바로 형제애와 평등사상이라고 할 수 있다.

무함마드는 왜 평등을 중요하게 여겼을까? 서력 622년, 무함마드와 함께 박해와 학대를 피해 메카에서 메디나로 종교적 망명을 떠나온 메카 사람들을 가리켜 무하지린 Muhajirin(이주자들)이라 하고, 무하지린을 지원한 메디나 지역민들을 안사리Ansari(후원자들)라 부른다. 당시 메디나에는 아랍계 유대인들도 살았는데 이들도 무함마드의 이주를 환영했다.

이들이 무함마드의 이주를 환영한 까닭은 유일신 사상을 추종하는 무함마드가 같은 유일신 사상을 추종하는 자신들과 뜻을 함께하면서 우상숭배자들에 대항해 싸울 것이라고 생각했기 때문이다. 또 메디나에 거주하는 우상숭배자들도 무함마드의 이주를 환영했다. 메카에서 박해와 학대를 피해 이주한 무함마드가 분명히 메디나와 적대 관계에 있는 메카에 대항해서 싸울 것이라고 믿었기 때문이다.

이처럼 메디나의 주요 부족들이 무함마드의 이주를 크게 환영했지만 한편으로는 각 부족마다 서로 다른 목적을 지니고 있었다.

무함마드를 자기편으로 끌어들이기 위해 각 부족 대표들은 무함마드가 탄 낙타를 자신들이 거주하는 지역으로 유도하려고 노력했다. 융숭하게 대접을 한다는 핑계로 무함마드를 자기편으로 끌어들이고자 한 것이다. 그러나 무함마드는 거처 문제로 부족 간의 불만을 불러일으켜서는 안 된다고 판단했다. 무함마드는 자기가 타고 온 낙타가 멈추는 곳을 정착지로 택하겠다고 제의했고, 각 부족 대표는 이 의견에 동의했다. 무함마드는 낙타가 멈추어 선 곳을 거주지로 삼았는데, 이 결정은 부족 간의 갈등과 분쟁이 확대되는 것을 막는 동시에 여러 부족 간의 화해를 이끌어냈다.

당시 메카에는 360여 개의 우상을 숭배할 정도로 우상 숭배 사상이 지배적이었다. 무함마드는 선조들의 뿌리 깊은 우상숭배에 회의와 환멸을 느끼고 이를 타파하는 운동을 전개하면서 유신론과 유일신 사상운동을 펼쳐나갔다. 이 운동은 메카에서 무함마드가 한 주된 임무였다. 하지만 메디나의 상황은 메카와 적잖이 달랐다.

메카는 우상숭배 사상으로 모두가 똘똘 뭉쳐 있었지만, 메디나는 유대교인들과 우상숭배자들 사이의 반목이 심했다. 또한 사막 생활에서 살아남기 위한 부족 간의 치열한 생존 경쟁으로 갈등과 원한이 팽배했다. 그뿐 아니라 주종 관계 때문에 소수 지배인들을 향한 다수 피지배인들의 불만이 만연했으며, 흑백 인종차별로 인한 사회적 갈등도 있었다.

무함마드는 이곳 주민들 사이에 만연한 정치적·종교적 갈등과 반목을 치유하고, 목숨 건 생존 경쟁으로 빚어진 원한 관계와 주종 관계로 인한 사회적 불만과 인종차별 문제 등을 해결하는 게 급선무라고 판단했다. 무함마드는 이 문제들을 해결하지 못하면 자신이 꿈꾸는 하나님의 공동체인 이슬람 움마Al-ummah al-islamiya를 건설할 수 없음을 깨달았다.

무함마드는 먼저 형제애Al-Ikhwah 사상을 고취시켰다. 모든 인류가 아담과 하와의 후손들이라는 『꾸란』의 가르침을 근거로 삼은 것이다. 서로가 한 핏줄을 이어받은 형제자매라는 것을 강조하면서 서로 아끼고 사랑하며, 기쁨과 슬픔을 함께 나누고, 서로 보호하고 방어해야 한다는 운동을 전개해나갔다. 보편적인 사해동포주의와 범세계적인 형제애 구축에 목적을 둔 것이다.

무함마드는 주종 관계로 인한 불평등과 흑백 인종차별로 인한 사회적 갈등을 해소하기 위해 창조주와 피조물과의 관계를 도입했다. 주종 관계는 하나님과 인간 사이에만 있는 것이므로 인간과 인간 간의 주종 관계는 허용되지 않는다는 것을 강조하면서 평등사상Al-Musaawah을 고취시켰다.

이 관계를 확립하기 위해 작명에도 그 원칙을 적용했다. '하나님의 종'이란 뜻의 '압둘라Abd Allah' 작명은 신을 가장 기쁘게 하는 이름이지만, '예언자의 종'이란 뜻의 '압두나비Abd Nabi'란 작명은 허용하지 않았다. 예언자는 인간이므로 '압두나비'란 이름은 '인간 예언자의 종'이란 뜻이 되어 창조주와 피조물 사이의 주종 관계 원칙에서 벗어날 뿐만 아니라 인간의 주종 관계를 부추기는 행위가 되는 것으로 보았기 때문이다. 이 영향으로 이슬람 사회에서 '압둘라(압달라)'란 이름은 흔하지만 '압두나비'란 이름은 찾아볼 수 없다.

무함마드는 흑백 인종차별을 없애는 데도 전력을 다했다. 아라비아 반도에는 이웃 아프리카에서 넘어온 피부색이 검은 사람들이 많이 살았는데, 이들과 피부색이 하얀 아랍 원주민 출신들 사이에는 많은 갈등이 있었다. 무함마드는 평등사상만으로 인종차별 문제를 해결하는 데 한계를 느껴 우월주의를 배제하는 데 앞장섰다. 예배당의 단상을 없앴고, 자리 서열에 대한 우월감을 없애기 위해 먼저 온 사람이 가장 앞자리에서 예배를 볼 수 있도록 배려했다. 메카 하지 의식을 할 때도 부자와 가난한 자의 차별을 없애고 군주와 백성 간의 우월주의를 없애기 위해 순례복도 하얀 천으로 통일시켰다. 그리고 무함마드는 『무함마드의 언행록』에서 다음과 같이 말했다.

백인이 흑인에게 우월하지 않고 흑인이 백인에게 우월한 것이 없습니다. 단지 하나님을 경배하는 정도에 따라 차이가 있을 뿐입니다.

또한 『무함마드의 언행록』에서 지도자의 자격에 대해

서도 흑백을 두지 말라고 일갈했다.

예배를 인도하는 자가 비록 에티오피아 사람처럼 얼굴색
이 건포도 같은 노예일지라도 지도자가 하시는 말씀을 경
청하시오.

무함마드는 신과의 중재자를 각 개인의 업적으로 두면
서 성직자 제도를 두지 않았다. 두 명 이상이 단체로 예배
를 드릴 때에는 『꾸란』과 무함마드의 어록에 대한 지식이
풍부한 사람이 이맘이 되어 예배를 집전한다. 이맘이란
'앞에 나와 있는 자'라는 뜻일 뿐, 성직이나 직급이나 계
급을 의미하지는 않는다.

가족끼리 예배할 때는 주로 가장이, 여성끼리 예배할
때는 여성이, 혼자 예배할 때는 자신이 이맘이 되어 예배
를 집전하게 했다. 누구나 이맘이 되도록 함으로써 성직
자 제도를 없애고 사람과 사람 간의 평등사상을 실현하려
한 것이다.

링컨보다 앞선 무함마드의 노예 해방
당시 아라비아 반도에는 노예제도가 보편화되어 있었다.
무함마드는 사람과 사람 사이의 주종관계를 가장 불평등

한 것으로 여겨 노예 해방에 앞장섰다. 특히 주인이 가장 좋아하고 가장 값비싼 노예일수록 해방시켜야 한다고 보았다.

> 인간은 힘든 길을 오르려 하지 않느니라. 그 힘든 길이 무엇인지 그대가 어떻게 알겠느냐. 그것은 노예를 해방시키는 일이니라.(『꾸란』 90:11-13)

노예 해방을 훌륭한 미덕이자 명예로운 일이라고 생각한 무함마드는 사피아라는 여성 노예를 해방시키고 그녀와 결혼까지 하는 모범을 보였다. 또한 무역상 여사장 카디자와 결혼할 때 그녀로부터 자이드라는 노예를 선물로 받았지만 무함마드는 자이드 역시 해방시켜주었다.

이렇게 무함마드가 본보기가 되어 노예 해방을 주장했지만 노예제도가 완전히 폐지되지는 않았다. 하지만 사회적으로 변화가 생겨났다. 노예들은 돈을 지불하고 자유의 몸으로 풀려나기도 하고, 결혼도 자유롭게 할 수 있게 되었다.

무함마드는 노예를 해방시킬 수 있는 또 다른 방법도 강구했다. 라마단 한 달 동안 금식을 다하지 못했을 경우, 노예 한 사람을 해방시킴으로써 속죄를 받을 수 있게 한 것이다. 무함마드는 첫 부인이 사망한 후 재혼한 아이샤에게 딸린 여성 노예도 해방시켰다. "그녀를 해방시키시오. 그녀는 예언자 이스마엘의 후손입니다." 또한 재혼한 아내 마이무나Maimunah에게도 함께 데려온 노예 하녀를 해방시키도록 부탁했다.

무함마드의 외손자 후세인도 외할아버지의 선례를 따랐다. 어느 날 한 여성 노예가 장미 한 다발과 향초 한 묶음을 들고 와서 후세인에게 인사했다. 그러자 후세인은 그 노예에게 "당신은 하나님을 위한 자유인이 되었소"라고 말하며 자유를 선물했다. 이를 본 주위에 있던 사람들이 그에게 물었다. "당신은 장미 한 다발의 인사에 노예 상태에 있는 그 여인을 해방시켰습니까?" 그러자 후세인이 대답했다. "내가 그 여인에게 답례하는 길은 노예로부터 해방시키는 것이라고 생각했습니다. 그래서 하나님을 위해 그 여인을 자유의 몸으로 해방시켰습니다."

『꾸란』에는 일종의 이슬람세인 자카트Zakat의 혜택을 노예도 받아야 한다고 쓰여 있다. 자카트 수혜대상자 여덟 부류에 노예를 포함시킴으로써 노예가 자카트 기구로부터 무상 지원을 받아 주인에게 몸값을 지불하고 노예 신분에서 해방될 수 있게끔 한 것이다. 미국의 에이브러햄 링컨Abraham Lincoln이 노예 해방의 선구자로 알려져 있지만, 무함마드는 그보다 14세기 전에 이미 노예 해방에 앞장섰다고 볼 수 있다.

역사가 아놀드 조셉 토인비Arnold Joseph Toynbee는 『시련에 처한 문명』에서 노예 해방에 관한 그의 소견을 피력하였다. "오늘날 우리 서양 사회에서 사해동포주의와 서양화된 프롤레타리아의 관계에 도사린 명백한 위기의 원인은 인종차별과 음주다. 이 두 사회악을 물리치는 일에 우리가 이슬람 정신을 받아들인다면 이 정신이 도덕적이며 사회적 가치가 충분하다는 것을 깨닫게 될 것이다. 무슬림들 사이에 인종차별을 없앤 일은 이슬람이 이룩해낸 훌륭한 도덕적 업적이기 때문이다."

인간의
진정한 스승은
누구인가
?

구세주 유일신만이
인류의 진정한 스승

구세주 유일신만이
인류의 진정한 스승

신이 선택한 사도들

창조주는 아담의 자손들을 위해 스승들을 내려보내겠다고 했다. 인간들 중에서 하나님이 보시기에 고매한 인품을 가진 자들을 택해 현세를 살아가는 안내자로서, 인간의 사후 세계를 설명하는 해설자로서, 천국에 이르는 길을 안내하는 길잡이로서, 그곳에 이르는 방법을 가르치는 스승으로서, 천국의 복음을 전하는 전달자로서, 지옥에 대한 경고자로서 보냈다고 했다. 이에『꾸란』은 인간이 본받아야 할 가장 훌륭한 스승들은『꾸란』내에 등장한 예언자들과 사도들이라고 언급한다.

진실로 하나님의 사도는 너희를 위한 훌륭한 모범이니라. 이는 하나님과의 만남을 원하고 최후의 날을 경외하고 하

108

나님을 많이 생각하는 자들을 위한 것이니라.(『꾸란』 33:21)

다양한 임무를 수행하기 위해 하나님의 택함을 받은 인간을 가리켜 라술Rasul이라 하고, 하나님의 메시지를 알리는 사명만을 띠고 하나님의 택함을 받은 인간을 나비Nabi라 한다. 전자는 큰 스승이요, 후자는 작은 스승이다. 스승이 될 수 있는 자격은 청빈이나 고행, 수도修道, 출가出家, 독신獨身 등 인간의 헌신이나 노력에 의해 얻어지는 것이 아니라 오직 하나님의 택함을 받은 특별한 은총이다.

나는 그대 무함마드 이전에도 스승들을 보냈느니라. 그들 중에는 그대에게 실명을 언급한 스승들이 있고 실명을 언급하지 않은 스승들이 있었느니라.(『꾸란』 40:78)

『꾸란』에는 실명으로 언급된 스승들과 그렇지 않은 스승들이 있다. 『꾸란』에 실명으로 언급된 스승은 26명이며, 이들을 포함해 무함마드가 언급한 스승 숫자는 12만 4,000명에 이른다. 그중에서 373명이 큰 스승이요 나머지는 작은 스승이다. 아담을 비롯해 에녹, 노아, 후드, 살레, 아브라함, 롯, 이스마엘, 이삭, 야곱, 요셉, 욥, 이사야, 이드로, 요나, 모세, 아론, 엘리야, 엘리사, 다윗, 솔로몬, 사가라, 세례자 요한, 마리아, 예수 그리고 무함마드다. 인류의 첫 스승이 아담이라면 무함마드는 하나님의 택함을 받은 마지막 스승이다.

후드, 살레를 제외한 나머지 스승들은 『성경』에도 실명으로 등장한다. 무함마드는 비록 소수이기는 하지만 스승으로서 여성들도 하나님의 택함을 받았다고 했다. 그중에 대표적인 여성 스승은 예수의 어머니 마리아라고 실명으로 언급하였다. "가브리엘 천사가 말하길 마리아여! 하나님께서 그대를 선택해 청결케 했으며 그대를 모든 여성 위에 두었느니라."(『꾸란』 3:42)

이들은 모두 하나님께서 인간을 위해 보내신 스승이다. 그러므로 이들을 선별하거나 차별하여 믿는 것은 하나님의 목적에 반하는 행동이다. 저마다 하나님의 세계에 대해 가르치는 분야와 방법이 다를 뿐 그 목적은 같기 때문이다. 사람을 사랑하고 타인을 사랑하는 방법은 예수의 가르침을 본받아야 하고, 하나님을 사랑하고 찬양하는 방법은 무함마드의 가르침을 본받아야 한다는 차이점밖에는 없다. 모세만을 믿고 예수와 무함마드를 믿지 않는다거나, 예수만을 믿고 모세와 무함마드를 적대시하거나, 무함마드만을 믿고 모세와 예수를 불신하는 것은 하나님의 존재를 부정하는 죄 다음으로 큰 죄라고 무함마드는 말한다.

모세와 예수, 그리고 무함마드

그렇다면 인류의 스승들은 누구를 구세주로 받들었을까? 그 스승들이 믿었던 종교는 무엇이었을까? 아담은 누구를 구세주로 받들었고 아담이 믿었던 종교는 무엇이었을까? 아담은 창조주를 구세주로 받들었고 아담이 믿었던 종교는 창조주가 제정한 종교라고 했다. 노아 역시 아담이 그랬던 것처럼 창조주만을 구세주로 받들며 950년 동안 사람들에게 그 믿음을 가르쳤다고 했다. 아브라함도 그랬다. 『꾸란』은 아브라함을 가장 모범적인 신앙인으로까지 묘사했다. 그래서 아브라함에게는 믿음의 조상이란 호칭이 붙게 되었다.

> 가장 훌륭한 신앙인은 하나님만을 경배하고 아브라함의 전통을 답습하는 자라. 그는 하나님의 반려자로 택함을 받았느니라.(『꾸란』 4:125)

『꾸란』에 나타난 모세에 관한 언급은 『구약성경』에 묘사된 그대로다. 모세가 태어났을 때 폭군 파라오로부터 살해당하는 것을 피하기 위해 바구니에 담겨 나일 강 강물에 던져진 사건을 비롯하여, 만사에 관한 하나님의 법이 기록된 서판을 받고 40일 동안 하나님과 대화를 나눈

이야기와, 파라오의 가혹한 박해를 받던 이스라엘 자손들을 젖과 꿀이 흐르는 가나안 땅으로 안내했다는 이야기 등이 『꾸란』 이곳저곳에 상세히 언급되어 있다.

가브리엘 천사를 통해서 하나님의 계시를 받았던 예수나 무함마드와 달리 모세는 매개체를 통하지 않고 신으로부터 직접 『토라Taurat(모세오경)』를 받았다고 『꾸란』은 전한다. 신이 직접 계시를 주었다고 해서 그 이후로 모세에게는 '칼림물라Kalimullah(하나님과 대화를 나눈 자)'라는 호칭이 붙게 되었다.

이슬람 학자들은 이구동성으로 모세가 산상에서 하나님과 대화를 나눈 40일, 예수가 복음을 전파하기 전에 금식을 했던 40일, 무함마드가 하나님의 계시를 전파하기 위해 준비한 40년, 그리고 라마단 30일 금식 기간과 10일 동안의 성지순례 기간을 합한 40일 등이 다 신비스러운 교훈이라고 말한다. 그렇다면 모세는 누구를 구세주로 받들었으며 모세가 믿었던 종교는 무엇이었을까?

예수에 관한 『꾸란』의 언급도 『신약성경』에 묘사된 것과 해석상의 문제를 제외하고는 별다른 차이가 없다. 동정녀 마리아의 몸에서 남자의 몸을 스치지 않고 탄생했고, 사흘이 지나기도 전에 요람에 있던 아기 예수가 유대인들에 의해 간음한 여인으로 조롱받던 어머니의 순결을

112

방어하기 위해 사람들에게 말을 했으며, 죽은 자를 살리고 나병 환자를 치료하는 등 예수가 행한 기적들과, 하나님의 부름을 받아 하늘로 들어 올림을 받은 사건을 비롯해 말세가 되면 예수가 재림해 신의 심판을 준비하게 된다는 것이 『꾸란』학자들의 해석이다. 예수는 누구를 구세주로 받들고 예수가 믿었던 종교는 무엇이었을까?

또 다른 스승 무함마드는 『꾸란』에 자세히 소개되어 있다. 글을 읽을 줄도 모르고 쓸 줄도 모르는 무학자로 묘사된 무함마드는 태어날 때부터 신성시되었던 예수와 달리 보통 인간으로 표현되어 있다. 예수가 『신약성경』에서 하나님의 아들로 경배 대상이 되고 구세주가 된 반면, 『꾸란』 속에 묘사된 무함마드는 순수한 인간의 아들로 결코 구원이나 경배 대상이 될 수 없다고 쓰여 있다. 그렇다면 무함마드는 누구를 구세주로 받들고 무함마드가 믿었던 종교는 무엇이었을까?

무함마드를 통해서 소개된 『꾸란』에 의하면 모세도 창조주만을 구세주로 받들었고 예수도 모세와 마찬가지였다고 말한다. 예수는 창조주가 아니라 창조주의 피조물이었기 때문에 예수도 창조주만을 구세주로 받들었다. 『꾸란』에는 예수 스스로 자신이 구세주가 아니라고 말하는 대목이 등장한다.

예수의 경우도 아담의 경우와 같으니라.(『꾸란』 3:59)

예수가 말하기를, 실로 창조주는 나의 주님이요 여러분의
주님이시니 그분만을 구세주로 받드시오. 그것이 옳은 길
입니다.(『꾸란』 5:72)

무함마드 역시 자신이 창조주가 만든 한 인간에 불과하
다는 것을 강조한다. 그러면서 만일 자신을 구세주로 받드
는 자가 있다면 그가 믿는 하나님은 죽고 없어 구원을 받
지 못할 것이나, 이전의 모든 스승이 그랬던 것처럼 창조
주를 구세주로 받들고 창조주께서 제정한 종교를 믿는 자
가 있다면 그의 신은 영원히 존재하여 구원을 받을 것이
라고 했다. 또한 『무함마드의 언행록』에서 "나는 현세와
내세의 모든 사람 중에서 마리아의 아들 예수 가까이에
있는 첫 번째 사람입니다. 모든 예언자는 자신을 낳아준
부모가 다를 뿐 종교는 동일합니다."라고 이야기했다.

무함마드는 예언자들이 모두 조상이 같은 형제들로, 창
조주 하나님만을 구세주로 받들었고 하나님께서 제정한
하나의 종교를 신봉했다고 주장한다. 그러므로 예언자들
이 인류의 진정한 스승들이요, 이들이 구세주로 받들었던
창조주 하나님 외에는 구세주가 없다는 것이다.

3부

생각과 행동

어떻게 말을 하고 어떻게 행동하는 것이 옳은 삶일까? "어떤 일에도 내일 그것을 행할 것이라 말하지 말라"는 『꾸란』의 말처럼 무함마드는 언행일치의 삶을 강조했다. 삶을 고통스럽게 여기는 사람들에게는 불행과 고통은 희망을 향해가기 위한 하나의 과정이니 인내하라고 가르치기도 했다. 이밖에도 무함마드는 사람들에게 해서는 안 될 행동들을 금기로 두었는데 이를 통해 무함마드가 말하고자 했던 메시지가 무엇이었는지 살펴보자.

바르게
말한다는 것은
무엇인가
?

생각대로 말하고,
말한 대로 행동하라

생각대로 말하고,
말한 대로 행동하라

천국으로 안내하는 말

우리 속담에 '낮말은 새가 듣고 밤말은 쥐가 듣는다'는 말이 있다. 『꾸란』에도 인간이 태어나서부터 죽을 때까지 늘 동행하는 두 명의 천사가 있다고 적혀 있다. 이 두 천사는 인간이 밤낮으로 말하는 것과 행하는 것을 하나도 빠짐없이 감시하고 듣고 기록한다고 한다. 『꾸란』은 두 천사를 통해 항상 말조심을 하고, 말을 하되 바른말과 좋은 말을 하고, 과장된 말을 삼가고, 상대방에게 상처를 줄 수 있는 말을 삼가고, 거짓말하지 말고, 순결한 여성을 중상모략하는 말을 하지 말 것을 강조한다.

인간이 하는 모든 말은 함께하는 천사에 의해 감시되고 기록되느니라.(『꾸란』 50:18)

라킵Rakib이라 불리는 천사는 오른쪽에 동행하면서 착한 언행을 듣고 감시하며 기록하고, 아티드Atid라 불리는 천사는 왼쪽에 동행하면서 나쁜 언행을 듣고 감시하며 기록한다는 게 『꾸란』의 언급이다.

신이 인간의 모든 말을 천사들을 통해 관찰할 만큼 언행은 중요한 것이다. 하나님은 바른말과 나쁜 말을 각각 좋은 나무와 나쁜 나무에 비유하면서 바른말은 천국으로 가는 업적을 쌓는 데 기여하고 나쁜 말은 지옥으로 안내하는 결과를 불러온다는 메시지를 전달하였다.

좋은 말, 혹은 바른말 한마디는 한 그루의 좋은 나무와 같나니 그 나무의 뿌리는 단단히 내려져 있고 그 나무의 가지는 하늘로 높이 이르니라. 그리고 나쁜 말 한마디는 한 그루의 나쁜 나무와 같나니 그 나무의 뿌리는 땅 위로 뽑혀 있어 안정이 없느니라.(『꾸란』 14:24, 26)

알라는 특히 부모님을 슬프게 하거나 마음에 상처를 줄 수 있는 말은 자제하고 좋은 말만 사용할 것을 명령하였다.

부모 중에 한 분 또는 두 분이 나이가 들었을 때 부모에게

118

저항하거나 부모를 멸시하는 말을 삼갈 것이며 고운 말만 사용해야 하느니라.(『꾸란』 17:23)

우리말에 '말 한마디에 천 냥 빚도 갚는다'는 속담이 있는 것처럼 무함마드 역시 말 한마디가 천국과 지옥을 결정짓는다고 이야기한다. 또한 무함마드는 『무함마드의 언행록』에서 천국에 들어갈 수 있는 업적을 보호하는 것은 입조심과 말조심이라고 했다.

두 턱 사이에 있는 것(입)을 조심하고 두 다리 사이에 있는 것(성기)을 조심한 자에게는 알라께서 천국을 보장할 것입니다.

어느 날 무아즈Muaz라는 사람이 무함마드에게 천국으로 갈 수 있는 길을 묻자 가장 중요한 질문이라고 하면서 이렇게 대답했다. "창조주 하나님 한 분만을 경배하고, 예배를 드리고, 헌금을 바치고, 라마단 기간에 금식을 하고, 메카에 있는 카으바로 순례를 가는 것입니다. 축복의 문들은 열려 있는데 금식으로 지옥의 문을 막고 물이 불을 끄듯이 자선으로 실수와 과오와 죄를 씻는 것입니다. 이슬람이 머리라면 예배는 중심이고 성전聖戰은 핵심인데 이 모든 것(업적)을 조절(보호)하는 것은 말하는 혀로, 사람들을 지옥에 떨어뜨리는 것은 얼굴이나 코가 아니라 혀로 지껄이는 말입니다."

자신은 실천하지 아니하면서 남에게 이러쿵저러쿵 말하는 것은 알라께서 가장 혐오하는 것이라고 하면서 『꾸란』은 실천이 뒤따르는 바른말을 사용하라고 강조한다.

너희는 행하지 아니하면서 입으로만 말하느냐? 하나님께서 보시기에 가장 혐오스러운 것은 말만 하고 행하지 않는 것이니라.(『꾸란』 61:2)

이에 근거하여 무함마드는 자신이 한 말은 반드시 지켜야 한다는 언행일치를 강조하면서 그렇지 못한 자의 말로는 지옥이 될 것이라 했다. 말을 많이 한다는 것은 마음을 학대하는 것과 마찬가지다. '침묵이 금이요, 웅변은 은'이라는 말이 있듯이 무함마드는 좋은 말과 바른말이 아니면 침묵하라면서 바른말을 금에 비유하고 침묵을 은에 비유하기도 했다. 또한 좋은 말과 바른말 한마디도 자선이 될 수 있다고 보았다.

이어서 무함마드는 상대방을 기쁘게 하는 말이나 상대방에게 교훈이 되는 말은 알라를 기쁘게 하여 천국으로 안내하고 상대방을 불쾌하게 하는 말은 알라를 불쾌하게 만들어 지옥으로 안내한다고 이야기한다. 특히 잘 알지 못하면서 말하는 것을 삼가해야 한다고 경고했다.

> 저들은 그에 대하여 아무것도 아는 것이 없으며 저들의 조상도 마찬가지니 저들의 입에서 나오는 말은 거짓이라.(『꾸란』 18:5)

'인샬라' 속에 숨은 뜻

무슬림들은 '인샬라'라는 단어를 자주 사용한다. 이 말은 '알라의 뜻이라면, 알라께서 원하신다면'이라는 뜻이다. 그렇다면 '인샬라'는 언제, 어떻게 쓰는 것일까? 이에 대한 일화가 하나 있다.

무함마드가 주위 사람들로부터 어떤 질문을 받은 적이 있었다. 무함마드는 그 질문에 대한 답을 알 수가 없어 '내일' 말해주겠다고 했다. 다음 날 밤이 지났지만 질문에 대한 답을 알 수 없었다. 그러자 질문했던 사람들이 '내일' 말해주겠다고 약속한 무함마드를 조롱하기 시작했고 무함마드는 슬픔에 빠졌다. 그러자 알라는 가브리엘을 통해 알지 못할 때는 내일이라 말하지 말고 '인샬라'라고 대답하라고 지시했다.

어떤 일에도 내일 그것을 행할 것이라 말하지 말라.(『꾸란』 18:23)

알라는 알지도 못하면서 듣기만 하고 그것을 받아들여 아는 척하며 다른 사람에게 말하는 것도 바른말이 아니라고 언급하였다.

너희가 알지 못하면서 그것을 받아들여 입으로 말하고 그 것을 가볍게 생각하는 것은 하나님께서 보시기에 중대한 일이니라.(『꾸란』 24:15)

우리 속담에 '말이 씨가 된다'는 말이 있듯이 무함마드 는 말하기 전의 마음이 씨가 된다고 하면서 그 씨가 좋으 면 말도 바르고 그 씨가 나쁘면 말도 나쁘게 된다고 말했 다. 마음에서 생각이 나오고 그 생각에 따라 좋은 말과 바 른말이 나오고, 나쁜 말과 그릇된 말이 나온다는 것이다. 이렇게 자기 자신이 어떤 말을 하느냐에 따라 여러 가지 말하는 습관이 생기고 그 습관들이 모여서 여러 가지 성 격을 만들어낸다. 그리고 그 성격들이 모여서 한 인간의 인생을 좌우하게 되는 것이다.

절망을
어떻게
극복해야 하는가
?

기도하고 갈구하라,
간절하고 겸손하게

기도하고 갈구하라,
간절하고 겸손하게

불행을 대하는 태도

인생을 살다 보면 시련과 불행이 찾아오기 마련이다. 특히 자기 자신 혹은 가까운 사람이 아프거나 죽음을 맞이하게 될 때 우리는 절망에 빠지곤 한다. 부모를 먼저 떠나보내는 자식의 마음이나, 자식을 먼저 떠나보내는 부모의 마음은 모두 찢어질 정도로 아프다. 특히 사람이 재난이나 사고, 혹은 불치병에 걸려 손 쓸 방도도 없이 세상을 떠나게 될 때, 왜 인간에게 이런 불행이 닥치는지 세상이 원망스럽게 느껴질 때도 있다. 이렇게 인간이 느끼는 절망과 죽음에 대해 무함마드는 어떻게 생각했을까?

『꾸란』에 의하면 아프고 병들고 죽는 것은 알라에 의해 결정된다. 죽음이란 알라께서 창조한 본래의 모습으로 돌아가기 위한 탈바꿈의 과정이라고 무함마드는 말한다.

124

알라께서 모두에게 죽음이 이르도록 한 것은 여러분의 양상을 바꾸어 여러분이 알지 못하는 양상으로 여러분을 재창조하기 위해서입니다.(『꾸란』 14:19)

천국은 죄가 없는 자들이 사는 곳이다. 아담과 하와가 천국에 살 수 있었던 것은 원죄가 없었기 때문이다. 천국은 영원히 사는 곳이다. 그래서 아담과 하와는 이미 영생의 생명을 갖고 창조되었다. 아담과 하와가 지구로 오게 된 것은 알라를 대신하여 지구를 관리하고 다스리게 하려고 알라가 계획한 것이다.

질병이나 사고로 죽음의 문턱에 와 있는 자라 할지라도 죽고 싶다는 생각이나 그런 말을 피하고 오히려 더 오래 살게 해달라고 기도하라고 했다. 살아 있을 때 하지 못했던 선행을 실천하고 지은 죄를 회개할 수 있도록 하기 위해서다. "알라여, 삶이 저에게 더 낫다면 저를 더 살게 하여주시고 죽는 것이 저에게 더 낫다면 죽게 하여주소서."

이처럼 죽음은 천국으로 돌아가는 과정이므로 사랑하는 사람들의 죽음이 자신의 불행이나 절망이 되어서는 안 된다. 무함마드는 절망으로 말미암은 통곡이 오히려 고인의 천국 여행을 방해할 뿐만 아니라 통곡하는 자신도 천국의 여행길에 방해가 될 것이라고 말하면서, '모든 것은 알라의 것이니 알라에게로 돌아가는 것뿐입니다(Inna Lillahi Wa Inna Ilaihi Rajun)'라는 표현으로 떠나는 고인의 명복을 빌고 유족을 위로하고 자신을 위로하라고 했다. 이 말로써 고인을 보내고 자신을 위로한다면 알라께서 고인을 위해 천국에 '바이툴 함드Bait al-Hamd(감사의 집)'라고 불리는 집 한 채를 마련해준다고까지 했다.

자살 또한 마찬가지다. 인간의 죽음을 결정하는 것은 인간이 아니고 알라의 권리니 자살은 알라의 권리를 침해한 것이다. 자살을 한 사람이 갈 곳은 지옥이며 지옥에 가서도 인간이 자살한 방법으로 똑같은 고통을 받는다고 했다. "높은 곳에 올라가 떨어져 자살한 자는 누구를 막론하고 지옥에 떨어져 머무를 것이요, 독약을 마시고 자살한 자는 지옥에 가서도 독약을 계속 마실 것이며, 쇠로 만든 무기로 자살한 자는 지옥에 가서도 쇠로 만든 무기로 배를 계속 찌르며 지옥에 영원히 머무를 것입니다."

인내하고 기도하라

무함마드는 우리 삶을 엄습하는 불행과 고통은 어떠한 목적을 향해가기 위한 과정이라고 본다. 다음 장의 그림처럼 인간은 운명이라는 사각형 안에 존재하며 인간의 희망은 사각형 밖에 존재한다. 사각형 안의 여러 선들은 인간

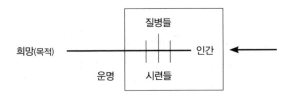

이 겪어야 할 크고 작은 시련들과 질병들을 의미한다. 우리는 사각형 안에 있는 이런저런 시련과 질병에 시달리면서 어떤 목적을 향해가도록 예정되어 있다. 따라서 자연재해나 사업 실패로 모든 것을 다 잃고 실망과 절망에 빠지더라도 '모든 것은 알라의 것이니 알라에게로 돌아가는 것뿐'이라고 되새기며 위로를 찾으라고 『꾸란』은 이야기한다.

어떤 재앙을 당하거나 불행에 닥친 자는 이렇게 말해야 되나니 모든 것은 알라의 것이어서 그분에게로 돌아갈 뿐입니다.(『꾸란』 2:156)

이슬람의 거장 이맘 샤피도 아들이 죽었을 때 "세상은 이렇듯 무상합니다. 재물을 잃거나 사랑하는 자와 영원한 이별을 할 때, 모든 것은 알라의 것이니 알라에게로 돌아가는 것뿐입니다. 인내하십시오"라고 말했다고 전해진다.

내가 가지고 있었던 모든 재물은 알라에게 빌린 것이고 그래서 빌린 것을 알라에게 돌려주는 것에 불과하다. 채무를 변제했으니 알라는 그의 신뢰와 신용을 근거로 그에게 더 많은 것을 주신다.

알라께서는 인내하는 자와 함께하느니라. 고통과 역경에 직면했을 때 참고 인내하는 것이 참 신앙인이니라.(『꾸란』 8:46, 22:35)

무함마드는 어렵고 힘들 때 인내하면서 기도하고 간구하는 자에게는, 좋은 일로 감사해하는 자보다 더 많은 것을 베푼다고 말한다. 인간으로 태어나면 누구나 할 것 없이 질병, 시련, 고통, 죽음이라는 불행을 겪는다고 했다. 이는 창조주 알라에 의해서 일어나는 숙명Qada이요, 운명 Qadar이기 때문이다.

숙명과 운명을 기꺼이 받아들이지 않고 실망과 절망에 빠진 자는 삶을 포기하고 스스로 생을 마감하면서 지옥을 택하게 된다. 그러나 숙명과 운명을 기꺼이 받아들이면서 기도하고 간구한다면 알라는 그의 귀가 되어 들어줄 것이고, 그의 눈이 되어 보아줄 것이며, 손이 되어 잡아줄 것이고, 그의 발이 되어 걸어줄 것이라고 말한다.

죄의 기준은
무엇인가
?

유일한 죄의 기준,
신의 존재에 대한 불신

유일한 죄의 기준,
신의 존재에 대한 불신

죄는 어디서 오는 것일까

『꾸란』과 무함마드는 아담의 원죄를 부정하면서 기독교에서 주장하는 인간의 원죄설原罪說을 뒤집는다. 무함마드는 아담이 선의 주체인 신의 본성으로 창조되었으니 태어나는 아담의 모든 후손도 선의 본성Fitra을 갖고 탄생한다고 말하며 죄로부터 해방된 인간의 원선설原善說을 주장했다. 그렇다면 인간의 죄는 어디서 오는 것일까? 죄가 되는 기준은 무엇이며 그 죄로부터 어떻게 자유로워질 수 있을까?

무함마드는 인간의 본성은 착하므로 죄는 외부 환경에 의한 것으로 보았다. 환경이 미치는 영향이 절대적이기 때문이다. 갓 태어난 아이가 어느 가정의 누구에 의해 양육되느냐에 따라서 그 아이의 언어와 문화는 달라진다. 무함마드는 모든 인간은 원선의 상태로 태어나지만 부모의 가르침과 환경의 영향을 받을 수밖에 없다고 말한다. 마치 부모에 따라 유대인도 되고 기독교인도 되고 때로는 조로아스터교인이 되기도 한다는 것이다.

한국인 가정에서 태어난 아이가 석가모니 집에서 석가모니에게 양육되었다면 그 아이는 석가모니의 언어를 사용하고 불교문화로부터 크나큰 영향을 받을 것이다. 만일 그 아이가 예수 집에서 예수에게 양육되었다면 아이는 예수의 언어를 사용하고 기독교 문화에 영향을 받았을 것이다. 만일 그 아이가 무함마드 집에서 무함마드에게 양육되었다면 아이는 무함마드의 언어를 사용하고 이슬람문화에 큰 영향을 받았을 것이다. 이 아이는 외모만 한국인이지 이 아이에게서 한국어 사용이나 한국 문화에 대한 이해는 전혀 찾아볼 수 없을 것이다.

석가모니가 설정한 죄의 기준이 있고 예수가 설정한 죄의 기준이 있는 것처럼, 무함마드는 『꾸란』에 근거해 죄의 기준을 삼았다. 이슬람에서는 『꾸란』과 무함마드가 하지 말라고 한 행동을 하는 것이 죄다. 그러나 강요나 망각이나 실수에 의해 저질러진 것은 죄가 아니라고 했다. 『꾸란』과 『무함마드의 언행록』에 의하면 여러 죄가 있는데, 그중에서 가장 큰 죄는 신의 존재를 부정하는 죄다. 어떠한 죄를 저지른다 해도 용서받을 수 있다. 무함마드는 살인자도 천국에 들어갈 수 있다고 했다. 하지만 신의 존재를 인정하지 않는 죄만은 용서받지 못한다고 했다.

죄로부터 자유로워지는 법

그렇다면 죄로부터 어떻게 자유로워질 수 있는가? 인간의 본성은 죄로부터 해방된 선이다. 그런데 오염이 선의 본체를 에워싸면 선은 그 기능을 수행하지 못하는 반면, 주위를 에워싸는 오염은 그 기능을 다한다. 그러므로 선이 그 기능을 수행하기 위해서는 선을 둘러싼 오염을 깨끗이 씻어내야 한다. 선의 주체인 신을 만나고 신과 대화를 원하는 자가 있다면 자신도 신이 내린 선의 상태로 돌아가야 하는 것이다.

『꾸란』은 청결한 자를 사랑한다고 하면서 하늘에서 비를 내리는 이유 중에 하나가 육신을 청결하게 하는 데 있다고 했다. 무함마드는 한 번 씻어 때와 오염이 없어지지 않는다면 두 번 씻고, 두 번 씻어 닦아지지 않는다면 세 번, 네 번 심지어 다섯 차례까지 닦으면 몸에 묻은 때와 오염이 지워진다고 했다.

몸을 청결하기 위해서는 물이 있어야 한다. 그런데 무함마드가 태어난 고향 메카나 무함마드가 살다가 세상을 떠난 메디나는 물이 귀한 지역이다. 14세기 전 무함마드가 살았을 당시에 그곳에서의 물 한 잔은 천금과도 바꿀 수 없는 생명이나 마찬가지였을 것이다. 그럼에도 무함마드는 예배를 통해 신을 만나고자 할 때 육신의 오염과 때를 씻어내라는 『꾸란』의 가르침을 실천에 옮겼다. 『꾸란』은 하루에 다섯 번 예배를 하라고 요구한다. 따라서 물로 몸을 닦는 것도 하루에 다섯 번이다.

> 믿는 자들이여, 예배드리려 일어났을 때 너희 얼굴과 두 손을 팔꿈치까지 씻을 것이며 너희 젖은 손으로 머리를 쓰다듬고 발목까지 두 다리를 씻을 것이니라. 너희가 불결하다면 목욕을 하라. 병중에 있거나 여행을 했거나 화장실에 다녀왔거나 여성과 접촉했는데 물을 찾지 못했을 때는 깨끗한 것에 양손을 대어 타얌뭄Tayammum을 하고 너희 얼굴과 두 손을 닦으면 되느니라.(『꾸란』 5:6)

무함마드는 예배의 열쇠가 청결에 있다고 말하며, 몸을 물로 씻는 것을 신앙의 절반으로까지 표현했다. 한편 몸에 묻은 때와 오염은 물로 씻어내면 되지만 영혼을 담은 마음은 물로 닦을 수 없으므로 예배를 통해서 씻으라고 했다. 마음의 오염은 스물네 시간 동안 지속되는 것이므로 마음의 때도 자주 씻어야 한다. 일주일 동안 묵은 때를 한 번의 예배로 닦아내는 것보다는 하루 동안 묻은 때를 한 번의 예배로 씻는 것이 더 깨끗하고, 하루 동안 묻은 때를 한 번에 씻는 것보다는 하루에 여러 번 씻는 것이 더 깨끗하다고 하면서 일정한 시간을 두고 하루에 다섯 번은 씻어야 마음의 오염과 때가 씻긴다고 했다.

하루에 예배하는 횟수는 다섯 번이지만 의무적으로 절하는 회수는 열일곱 번이며 의무 예배 전후로 수행하는 자의적 예배와 추가 예배의 횟수를 더하면 사십여덟 번 정도가 된다. 예배를 하되, 이 세상 모든 것으로부터 해방된 상태에서 가장 겸허한 마음과 자세로 하나님 앞에서 하나님을 보고 있는 것처럼 예배를 수행하라고 무함마드는 말한다. 만일 하나님이 보이지 않는다면 하나님께서 나를 보시고 있음을 확신하면서 예배하라고 했다. 하루에 최소한 다섯 번 정도는 물로 육신을 깨끗하게 씻고 열일곱 번 정도는 예배로 마음의 오염과 때를 씻어내야 그날의 잘못과 실수와 죄에서 자유로워질 수 있다고 했다.

무함마드는 마음의 때와 오염을 씻어내는 또 다른 방법으로 금식을 소개하면서 금식은 천사의 속성을 가질 수 있는 수단이라고 했다. 천사는 인간처럼 음식을 먹지 않으며, 몸과 마음이 오염되지 않은, 죄의 속성에서 해방된 피조물이라고 했다. 그래서 금식을 하는 것은 천사의 속성이 되는 기회라면서, 특히 라마단 기간의 금식을 통해서 마음에 묻어 있는 오염과 때를 씻어내면 어머니 자궁에서 갓 태어난 아이처럼 선의 상태가 된다고 했다.

무함마드가 이렇게 육체와 마음의 청결을 강조한 이유는 무엇일까? 마음과 발, 그리고 손은 모두 인간의 업적을 창출하는 도구기 때문이다. 마음은 뜻을 세우고, 발은 그 뜻에 따라 움직이고, 손은 그 결과를 수확한다. 물로 육신을 씻고 예배와 금식으로 마음과 영혼을 씻을 때 비로소 육신과 영혼은 죄로부터 자유로워질 수 있는 것이다.

금기란
무엇인가
?

문화의 다양성이
만들어낸 율법

문화의 다양성이
만들어낸 율법

무함마드는 무엇을 금기시했는가

이슬람교에는 금기 사항들이 여럿 있다. 특히 음식의 경우, 하나님께서 식용으로 허용한 음식을 할랄Halal이라 하고 식용이 금지된 음식을 하람Haram이라고 부르면서 구분한다. 할랄인지, 하람인지 식별하기 어렵거나 의심스러운 것은 피하는 게 좋다고 무함마드는 말한다. 『꾸란』에서 금기하는 식품은 열 가지다.

① 죽은 동물의 고기로, 야수나 가축을 불문하고 도살된 것이 아니거나 사냥으로 잡은 것이 아닌 자연사한 동물의 고기
② 흐르는 피와 액체
③ 돼지고기

④ 알라 외의 다른 것에 바쳐진 동물의 고기

⑤ 질식시키거나 목을 졸라 죽인 것

⑥ 때려서 죽인 것

⑦ 떨어져 죽은 것

⑧ 서로 싸우다가 죽은 것

⑨ 야수가 먹고 남은 것

⑩ 우상이나 제사상에 올려진 것

동물 피는 하람에 속하니 도축 시, 피를 말끔하게 제거해야 한다. 따라서 동물을 도축한 다음 피를 받아 식용으로 사용하는 우리 도축법과는 달리 이슬람은 특이한 방식을 고집한다. 살아 있는 상태에서 동물의 목이나 식도, 정맥을 단번에 절단해 도축하는데, 동물이 살아 있는 동안에 심장 박동이 뛰면서 몸속의 피를 밀어내기 때문이다. 따라서 쇠고기 라면이나 즉석 삼계탕, 쇠고기가 들어가는 조미료, 고기가 들어간 식품 등은 이슬람 도축법에 따라 도축된 고기로 제조해야만 이슬람권으로 수출할 수 있다.

우리나라에서 돼지는 재물과 행운을 가져다주는 가축으로 널리 알려져 있다. 그래서 사람들은 꿈에서 돼지를 보면 길몽이라 여겨 복권을 사기도 한다. 어떤 학자들은 돼지고기를 사람보다 신이 더 좋아했다고 주장하기도 한다. 하늘에 제사를 지낼 때 돼지를 희생시켰던 이유가 돼지야말로 신을 부르는 영물이자 건강과 행운의 상징이기 때문이라고 주장하는 학자도 있다.

『꾸란』을 믿는 사람들에게 돼지가 나오는 꿈은 행운의 상징이 아니라 오히려 그 반대다. 돼지는 신이 좋아하는 동물이 아니라 가장 싫어하는 동물이다. 따라서 돼지 상像이 들어간 상품은 어떠한 기능이나 종류에 관계없이 이슬람권에서는 환영받지 못한다.

『꾸란』과 무함마드가 식용으로 허용한 소, 양, 닭, 염소, 낙타, 영양 등과 같은 동물들이라도 금기하는 동물로 만든 사료를 먹였다면 식용으로 허용하지 않는다. 예를 들어 돼지 사료를 소에게 먹였다면 최소한 40일 이상 다른 사료를 먹인 후에야 식용으로 허용한다.

이 밖에 급성장 호르몬 주사를 맞고 자란 동물도 금기시하며, 도살된 고기에 화학약품으로 만든 연화제를 넣는다거나 고기의 신선도를 포장하기 위해 빨간 색소를 넣는 것은 인체에 질병을 유발할 수 있어 해로운 음식으로 취급한다. 또한 고기 외에 일반적으로 채소는 모두 허용하지만 알코올 성분을 함유하는 것은 금기한다.

『꾸란』과 무함마드는 하람에 대해 논하면서 예외를 두었다. 금지된 음식이나 의심스러운 음식이라 할지라도 생명을 구하는 약으로 사용될 경우, 기아 상태를 벗어나야 할 경우, 생명을 구해야 하는 경우, 강요당해 먹거나 무의식중에 먹은 경우에는 하람 식음을 허용한다.

『꾸란』과 무함마드가 허용한 식품이 없을 경우에는 유대인들과 기독교인들이 도축한 짐승의 고기도 『꾸란』에 근거해 허용한다. 이는 세 종교가 유일신 창조주를 믿기 때문이다. 그러나 우상숭배나 미신 행위로 바친 제단 음식 및 제사 음식은 식용을 금지한다.

종교적 금기와 문화의 차이

『꾸란』에서 신이 가장 좋아하는 동물은 양이다. 아담의 차남 아벨이 바친 양고기가 번제燔祭로 택함을 받았고, 아브라함이 장남을 신의 제단에 바쳤을 때 살찐 양 한 마리로 대속하게 한 것을 보면 신이 가장 좋아한 동물이 양이라 해도 과언이 아니다. 이는 양고기를 별로 좋아하지 않는 우리와는 대조를 이룬다. 중동 이슬람권에 진출한 한국 건설업체들이 고사를 지낼 때 돼지머리를 올리려고 했지만 구할 수 없자 양 머리로 대체했다는 이야기를 들은 적이 있다. 고사나 제단에 올라가는 것이 돼지머리여야 한다는 고정관념이 바뀌게 된 것이다.

개의 경우에는 이슬람 사회에서 애완동물로서 사랑받

지 못하고 몸보신 동물로서도 대접받지 못한다. 무함마드
가 개를 사자와 호랑이 같은 야수과로 분류해 식용을 금
기했기 때문이다. 개가 있는 집 안에는 천사가 들어오지
않는다는 무함마드의 말도 큰 영향을 끼쳤다. 그 결과 이
슬람 사회에서 개들은 사람의 사랑을 받지 못하고 집이
아닌 사막과 들판에서 자유롭게 살아간다.

1976년 12월 3일, 내가 사우디아라비아 왕립이슬람대
학교 정문에 도착했을 때 경찰복 차림을 한 경비가 어느
나라에서 왔느냐고 물었다. 내가 한국에서 왔다고 대답하
자 "그럼 당신도 개고기를 잘 먹겠군요. 그 맛이 어떻습니
까?"라는 질문을 받은 적이 있었다. 그로부터 칠 년 후인
1983년 12월 9일, 사우디아라비아 수도 리야드Riyadh에 있
는 이맘 무함마드 이븐 사우드 왕립대학교 초빙교수로 재
직하면서 교직원들과 '샤이'라 불리는 홍차를 마시며 잠
시 휴식하는 중이었다. 옆 테이블에 앉아 있던 사우디아
라비아 사람들의 대화 내용이 들려왔다. "얼마 전만 해도
개 짖는 소리 때문에 새벽잠을 설쳤는데, 요사이 개 짖는
소리가 들리지 않아요."

이에 다른 사람이 장단을 맞췄다. "수십만 한국인들이
지나갔는데 개가 남아 있겠습니까? 한국인이 몸보신용으
로 사냥하고, 그나마 남은 개들도 한국인이 두려워 사막

깊숙한 데로 도망가버렸습니다."

그 후 십 년이 지난 1993년 4월 26일, 아프리카 대륙에 위치한 수단의 수도 카르툼Khartoum에서 열린 세계종교회의에 참석했을 때였다. 본회의에 참석 중이던 핀란드 대표와 요르단 대표가 홍차를 담은 잔을 들고 다가와 개고기와 당나귀 이야기를 꺼냈다. 요르단에 진출한 한국인들이 사냥감으로 개가 부족해지자 당나귀까지 사냥했다는 이야기였다. 처음에는 한국인들이 개와 당나귀를 사냥해도 그곳 주민들은 별다른 관심을 보이지 않았지만, 시골 사람들의 교통수단이자 양젖을 운반하는 당나귀 수가 점차 줄어들자 그 마을 청년들이 방범대를 조직해 한국인들의 당나귀 사냥을 감시했다는 것이다.

당나귀를 지키는 요르단 사람들이 바보인지, 아니면 당나귀를 사냥하는 한국인들이 바보인지 하는 문제가 그 마을 사람들의 숙제로 남아 있다고 했다. 그러고는 한국 대표로 참석한 내게 현명한 대답을 풍자적으로 물어왔다. 『꾸란』은 가장 바보스러운 사람을 당나귀에 비유하기 때문이다. 책만 싣고 다닐 뿐 그 책의 내용을 모르는 자를 당나귀에 비유한 것이다. "그들은 책을 싣고 다니는 당나귀와 같으니라."(『꾸란』 62:5)

나는 『꾸란』을 인용해 한국인이 당나귀가 아니라는 것

을 말해주었다. 불가항력일 경우, 알지 못하고 섭취한 경우, 무의식적으로 섭취한 경우, 강요에 의해 먹는 경우, 생명을 구하기 위해 섭취하는 경우에는 비록 그 음식이 『꾸란』과 무함마드가 금기하는 것이라도 죄라고 할 수 없지 않느냐고 반문했다.

1995년 8월 7일, 이집트 알렉산드리아에서 열린 회의에 참석했을 때였다. 이집트의 한 기자가 신문을 보이면서 한국인이 개고기를 좋아하는 정도를 물어왔다. 기자는 한국의 중소 식품업체들이 이집트 정부에 개 수출을 요청해왔을 때, 보신탕을 즐겨 먹는다는 한국인들이 개들을 식용으로 도축할 염려가 있다는 이집트 이슬람 법학자들의 파트와Fatwa(해석)를 받아들여 이집트 대외무역부가 한국 업체들의 개 수입 제의를 거부했다는 보도 내용을 신기하다는 듯 읽고는 그 내용이 실린 신문을 가져와서 내 견해를 듣고 싶어 했다.

동물을 사랑해야 한다는 무함마드의 말을 인용하면서 주인 없이 거리를 배회하는 개들을 한국에 입양시켜 새 주인을 찾아주겠다는 제의를 했더라면 이집트의 이슬람 법학자들에게 환영을 받으며 목적을 달성할 수 있지 않았을까!

무함마드는
왜
금욕과 독신을
주장하지 않았는가
?

결혼은 신의 의지를 따르는 것,
금욕은 오히려 죄악이다

결혼은 신의 의지를 따르는 것,
금욕은 오히려 죄악이다

결혼은 행복의 세계로 진입하는 과정

『꾸란』에는 하나님이 창조한 최초의 인간 아담이 원래 '양성'이었다고 한다. 최초에는 아담이 남성과 여성이 분리되지 않은 하나의 성이었으나, 하나님이 아담의 몸에서 여성을 분리해냈다는 것이다.

> 한 몸에서 배필을 분리시킨 것은 둘이서 함께 동거해 살되 둘 사이에 사랑과 우정이 있도록 하셨느니라.(『꾸란』 30:21)
> 좋은 여성과 결혼하라 했느니라.(『꾸란』 4:3)
> 한 몸에서 배우자를 두어 남자도 그리고 여자도 많이 퍼트리라 하셨느니라.(『꾸란』 4:1)

하나님이 여성을 분리한 첫 번째 이유는 홀로 있는 아

담이 너무 외로워했기 때문이다. 하나님은 여성을 분리해 둘을 동거하게 함으로써 서로 말동무가 되어주고, 사랑과 우정을 쌓으면서 서로 외로움을 달래도록 했다. 두 번째 이유는 두 사람이 결혼해 가정을 이루게 하는 것이며 세 번째 이유는 자손들을 많이 두는 것이 국력과 신국神國을 강하게 만드는 일이라고 생각했기 때문이다.

무함마드는 인구를 많이 늘리기 위해 아이를 잘 낳는 여성과 결혼하라고 권하면서 자손을 많이 둔 사람이 부활의 날에 자랑거리가 될 것이라고 했다.

무함마드는 하나님의 명령을 수행하기 위해 결혼을 '순나Sunnah(전통)'로 남기면서 하나님을 믿고 사랑한다면 그 전통을 따르라고 했다. 무함마드는 만일 하나님의 전통을 싫어하는 자가 있다면 이는 하나님의 명령을 소홀히 하는 자요, 하나님을 사랑하지 않는 자라고 했다. 또한 자식을 많이 둔 사람은 내세에 신 앞에서 자랑할 수 있다고 강조했다. 그리고 하나님을 위해 결혼하는 자, 하나님을 위해 혼례를 치러주는 자, 중매하는 자, 결혼 주례를 서주는 자, 결혼식 증인이 되어주는 자는 모두 신국에 들어갈 자격이 있으며, 나아가 결혼한 사람은 신앙의 절반을 완성한 것이라고까지 설파하면서 결혼을 장려했다.

무함마드가 강조한 결혼의 의미는 종교적 미덕이요, 사

회적 필연이며, 성적 타락을 예방하는 안전장치며, 정상적 삶을 영위할 수 있는 가족 구성의 시발점이다. 하나님께서 사람으로 하여금 이 땅을 다스리게 한 이후, 국가와 사회는 사람에 의해 관리되니 사람은 국가와 사회를 구성하는 필연 조건이 되었다. 이처럼 국가와 사회를 구성하는 사람은 남녀의 결혼을 통하지 않고는 탄생할 수 없다. 따라서 결혼은 지구를 다스리고 사회를 구성하기 위한 '사회적 필요'라는 것이다. 성性에 대한 절제나 금욕이 때로는 인체의 신진대사를 비정상적인 상태로 변화시킬 수도 있으므로 결혼을 통해 인체의 정상적인 신진대사가 이루어지게 해야 한다는 것이다.

무함마드는 결혼을 의복에 비유한다. 옷이 사람의 몸을 치장하고 보호하고 따뜻하게 하는 것처럼, 결혼은 서로를 감싸주고 가족을 보호하며 편안하게 만든다고 했다. 그래서 무함마드는 결혼을 인간이 행복의 세계로 진입하는 과정이라고 했다. 아내는 행복과 기쁨으로 가정을 범람시키는 홍수와 같은 것이라고 말하면서 결혼해서 얻은 행복을 하나님을 공경해 얻은 행복과 동일한 것으로 표현하기도 했다.

결혼을 회피하는 것은 하나님이 내린 인간의 본성을 거역하는 것이며, 하나님이 주신 자신의 존재 가치를 상실

하는 것과 같다고 무함마드는 말한다. 또한 결혼이 인간으로서의 의무임을 강조하면서 때로는 타인의 결혼에도 관여할 책임이 있다고 가르쳤다. 예를 들어, 주인은 자신이 거느린 미혼 남녀 하인이 결혼 연령에 이르면 결혼을 시켜야 하고, 과부나 홀아비 등 배우자가 없는 남녀도 재혼을 시켜야 한다고 말했다.

금욕주의와 독신주의의 부정

체첸 자치 공화국이 소련에 대항하여 독립 전쟁을 했을 때의 일이다. 당시 체첸은 14~16세 소녀들의 조혼은 물론, 일부다처를 적극 권장하는 분위기였다. 이미 7남 5녀를 낳았다는 체첸의 어느 중년 부인이 러시아 방송에 출연해 자신들의 저항 의지를 표출했다. 그는 "앞으로도 아이를 더 낳을 것입니다. 이 선택만이 체첸 민족이 살아남을 수 있는 길입니다. 한 사람이 최소한 열 명을 낳아, 미래의 전사를 양성하는 것이 체첸 여성의 의무입니다"라고 말했다.

이 중년 부인은 전쟁으로 인해 결혼 적령기의 청년들이 죽고, 기혼 남성들이 전쟁터에서 전사함에 따라 미망인과 고아가 증가했다면서 이 문제를 해결할 수 있는 마지막 방법은 바로 출산이 아니겠느냐고 강조했다. 이 이야기는

148

인구수가 국력에 얼마나 큰 영향을 끼치는지를 잘 나타낸다고 볼 수 있다.

무함마드가 살았던 시대에도 결혼을 기피하거나 금욕 생활을 하는 사람들이 많았다. 특히 무함마드의 일부 추종자들이 성에 대한 금욕이 신에게 근접할 수 있는 숭고한 방법이라고 생각하여 여성을 멀리하곤 했다. 이 사실을 안 무함마드는 그들에게 독신주의와 금욕 생활을 금하라고 꾸짖었다.

우스만이라는 한 제자가 낮 동안에는 금식을 하고 밤이 되면 예배에 열중한다는 소식을 듣고 화가 난 무함마드는 우스만 집으로 찾아갔다. 우스만은 그때까지도 예배에 열중하고 있었다. 그 모습을 지켜본 무함마드는 제자를 크게 꾸짖었다. "하나님께서 나를 이 세상에 보낸 것은 사람들에게 금욕 생활이나 독신주의를 가르치기 위해서가 아니라 금식도 하고 예배도 수행하고 여성과 접촉하도록 가르치기 위해서였으니, 나를 사랑한다면 나의 전통을 따르시오. 그 전통 중에 하나가 바로 결혼입니다."

더 나아가 국력과 신국에 해가 되는 사람은 금욕주의에 빠진 사람이거나 독신주의자라고 했다. 압둘라 빈 마스우드Abdullah Bin Masud가 무함마드와 함께 전투에 임했을 때 다음과 같은 일화가 있었다.

우리는 예언자께서 수행한 전쟁에 아내를 동반하고 참여한 적이 없었습니다. 그래서 예언자에게 물었습니다. "저희가 거세를 할까요?" 그러자 예언자께서 대답하셨습니다. "거세를 해서는 안 됩니다. 옷 한 벌만 주고서라도 결혼해야 합니다." 그리고 결혼과 관련한『꾸란』을 암송하셨습니다. "믿는 자들이여, 하나님께서 여러분을 위해 허용한 것들 중에 훌륭한 여성과 결혼하는 것을 금기시하지 말라."(『꾸란』5:87)

무함마드는 결혼을 긍정적으로 보았을 뿐만 아니라 금욕 생활과 독신주의가 국력을 약하게 만든다고 보았다. 바로 이것이 결혼하지 않은 승려나 신부, 수녀와 같은 수행자 제도가 이슬람교에 없는 이유이다.

일부다처제를
유지하는 이유는
무엇인가
?

혼돈의 사회,
일부다처제는 불가피한 대안

혼돈의 사회,
일부다처제는 불가피한 대안

네 명의 부인을 두기 위한 조건

'일부다처'는 한 남자가 동시에 두 명 이상의 아내를 두는 경우를 가리키는데, 그 반대 경우는 일처다부라 한다. 『꾸란』은 일부다처, 정확히 말하면 일부사처—夫四妻를 허용한다. 고아들을 보살피기 위함이라는 조건과 네 명의 부인을 공평하게 대해야 한다는 조건이 따르지만, 이것만 충족된다면 한 남자가 동시에 합법적으로 네 명의 부인을 둘 수 있다는 해석이다. 고아를 보살피기 위함이라는 조건은 무함마드의 어려웠던 고아 생활을 반영한 하나님의 배려인 듯하다.

고아들을 공정하게 보살펴줄 수 없을까 하는 두려움이 있다면 둘, 셋, 그리고 네 명의 부인을 두어도 되나 그 부인

들을 공평하게 해줄 수 없다면 반드시 한 명의 부인만 두어야 하느니라.(『꾸란』 4:3)

무함마드는 아내를 아홉 명 두었는데, 혹자는 무함마드를 색정에 빠진 자라고 표현하기도 했다. 아이샤만 무함마드와 처녀 결혼을 했고 나머지 여덟 명의 부인들은 미망인이었다. 물론 이 부인들을 동시에 둔 것은 아니다.

카디자라는 부인이 사망할 때까지는 다른 부인들을 두지 않았다. 아부 바크르의 딸 아이샤와 오마르의 딸 하프사와 한 결혼은 부족들과의 유대 관계를 강화할 목적이었고, 움무 살라마Ummu Salamah, 움무 하비바Ummu Habibah, 주하이리아Juhairia와 한 결혼은 해당 부족들과 맺은 동맹 관계를 유지하기 위한 것이었다. 또 움 살라마 힌드Umm Salama Hind와 자이납 빈트 자흐쉬Zaynab bint Jahsh와 한 결혼은 전쟁미망인들과 딸린 고아들을 보살피기 위한 결혼이었다고 했다.

최고의 권력과 부를 누리던 무함마드가 미혼의 미녀나 부유한 가정의 여성과 결혼하지 않고 왜 자녀가 딸린 가난한 전쟁미망인들을 부인으로 맞아들였을까? 무함마드 위치 정도라면 충분히 내연의 여자들을 둘 수도 있었겠지만 그 역사적 흔적은 찾아볼 수 없다. 실존한 역사 인물들

중에서 무함마드 위치에 있는 지도자들이 미망인을 아내로 맞아들였다는 사례를 찾기는 쉽지 않다. 근현대 사회에서도 최고 통치자가 전쟁미망인들을 아내로 맞아들였다는 사례도 찾아보기 어렵다.

무함마드는 『꾸란』의 가르침에 따라 한 남자가 네 명의 부인을 동시에 둘 수 있다고 하면서 부인들 간의 공평성을 조건으로 제시했다. 전쟁미망인들이 물질적으로 겪는 어려움은 국가나 사회, 종교 단체나 자선단체, 형제들이나 이웃들이 도와줄 수 있으나 인간 본능인 성적 욕구는 결혼에 의해서만 해결이 가능하며, 이 문제를 해결할 수 있는 주체는 국가가 아니라 남자다. 따라서 전쟁미망인과 결혼하는 남자가 기혼자일 경우에 첫 번째 부인의 허락하에 두 번째 부인으로 맞이할 수 있다는 것이다.

전쟁으로 남자 숫자는 크게 줄고 상대적으로 여자 숫자가 많아질 때도 마찬가지다. 이란·이라크전쟁이 끝난 후 얼마 안 되어 이라크 정부 초청으로 이라크에 방문한 적이 있었다. 이라크 외교부 문화담당 국장의 안내를 받던 도중에 국장에게 가족 관계를 물었었다. 그러자 국장은 아들은 없고 딸만 다섯이라고 했다. 국장은 내가 다른 질문을 꺼내기도 전에 말을 이었다. 이란과 이라크 간의 오랜 전쟁으로 결혼 적령기에 있던 많은 청년이 전사했고 결혼 연령에 있는 여성들이 결혼을 못하는 실정이라고 했다. 국장은 전쟁이 일어나기 전만 해도 일부일처를 택했지만 다시 일부사처제를 허용한다면서 내가 원한다면 자기 딸과의 결혼도 환영한다고 했다. 그때 국장은 이미 내가 기혼 남성이라는 것을 알고 있었다.

메카 정복 때 무함마드와 함께했던 주하니Al Juhani의 전언에 따르면 이슬람법이 완성되기 이전에 무함마드는 장기 해외 여행이나 군사 원정 때는 일정 기간 동안 계약 결혼Mutah을 할 수 있도록 허용했다고 한다.

일부사처제의 순기능과 필요성

이슬람 시대 이전에는 매춘이 아랍 세계에서 보편적이었다. 이슬람 시대가 열리면서 군사 원정에 참가한 병사들이 오랫동안 아내와 떨어져 지내게 되자 사기가 떨어지고 이에 대한 불만을 표출했다. 이에 무함마드는 병사들의 간음과 간통, 혹은 그 지역 여성들에 대한 성폭행 사건의 발생을 막기 위해 최후 수단으로 일시적인 계약 결혼을 허용했다. 그 후에 이슬람법을 제정한 후에는 이 일시적인 계약 결혼을 금지했다. 이 내용 역시 주하니가 전하였다.

다른 전언에서 어머니 또는 딸과 하는 결혼을 금지한

것처럼, 예언자는 일시적인 계약 결혼을 부활의 날까지 금지하였다고 한다. 대를 이으며 자신의 이름과 가문을 유지하려는 욕구는 인간의 원초적인 본능이다. 따라서 아이를 못 낳는 부인과 이혼하고 다른 여성과 결혼하는 것보다 일부사처제를 통해 해결하는 게 더 낫다는 것이다.

무함마드는 믿음의 조상인 아브라함이 첫 부인 사라Sarah가 임신을 하지 못하자 사라의 건의에 따라 하갈Hagar을 부인으로 맞아들여 자식을 두었음을 예로 들었다.

불임 여성과 이혼할 때, 그 여성은 다른 남자와 재혼하기 어려울 뿐 아니라 정상적인 성생활과 가정생활을 하기 어렵다. 아내의 질병이나 사고로 정상적인 부부 생활을 할 수 없을 때 남자는 성적 욕구를 자제하지 못하고 내연의 처를 두거나 외도할 수 있다는 것이다. 이 경우 다른 부인들의 허락하에 세 번째 부인을 둘 수 있다고 했다. 전쟁으로 고아들이 생길 경우, 이들에게 가정을 만들어주고 합법적인 권리와 의무를 보장해줄 수 있도록 미망인들과 결혼하는 것이 최선의 방법이다. 이 경우 다른 부인들의 허락하에 네 번째 부인을 둘 수 있다고 했다.

이러한 환경과 조건 외에도 다른 조건을 추가하였다. 부인들에 대한 편애 없는 공평한 정신적 사랑 외에도 성생활과 물질적 공평성까지 요구한다. 무함마드는 공평성을 지키기 위해 여행을 떠날 때마다 추첨을 통해 아내와 동행하기도 했다. 그러나 『꾸란』은 두 명 이상의 아내를 둔 남자가 최선을 다한다 해도 아내들에게 공정한 사랑을 실천하기란 상당히 힘든 일이라면서 일부일처를 원칙으로 삼는다.

> 너희가 최선을 다한다 해도 아내들을 공평하게 해줄 수 없을 것이니라.(『꾸란』 4:129)

무함마드는 한 명 이상의 부인들에게 사랑을 똑같이 분배하기가 쉽지 않다고 고백한다. 이 고백은 무함마드의 아내 아이샤가 전한 바 있다. 『꾸란』은 한 아내를 편애하면 다른 부인들은 결혼한 것 같지도 않고 그렇다고 이혼한 것도 아닌 여인들이 될 수 있다면서 부인들에 대한 편애를 금지했다. 이와 관련해 무함마드는 부활의 날에 그 불공정에 대한 대가를 치를 것이라면서 아내들에 대한 편애를 금지했다.

두 번째, 혹은 세 번째 아내도 첫 부인과 동등한 권리를 갖는다. 물질적 권리뿐 아니라 정신적 사랑에 편애가 있다면 일부일처가 되어야 한다. 이에 대해 이슬람 학자 아흐마드 샤리프Ahmed Sherif는 일부사처의 허용을 일부일처에 대한 예외 수단으로 보면서 문제를 사회적·윤리적으로 해결하는 최후 수단으로, 불가피한 인간 사회의 본질적 문제를 다루는 마지막 시도로 허용되는 긴급 조치의 일환으로 해석했다.

또 사처四妻를 둘 필요가 없는 환경이 되었다 하더라도 이 제도를 폐지하지 못하는 것은 그러한 환경은 잠시일 뿐 실질적으로는 이 제도를 다시 부활시킬 수밖에 없는 사회 환경이 세계 각처에서 시시각각으로 발생하기 때문에 일부사처의 법적 제도는 오히려 존속되어야 한다는 것이다. 그뿐 아니라 일부사처 제도가 법적으로 폐지된다 하더라도 법률상으로 폐지된 이상론에 불과할 뿐 현실은 그렇지가 않다는 것이다.

오늘날 헌법과 법률로 일부일처제를 채택한 사회에서는 오히려 성이 타락하고 여자의 성이 상품화되는 경향이 있다며, 성의 타락을 예방하고 시대 환경에 따라 여성 숫자가 남성 숫자보다 많아지게 되는 경우, 전쟁미망인의 수가 증가하여 사회문제로 대두되는 경우, 이러한 사회문제를 윤리적이고 인간적으로 해결하는 최후 수단과 방법으로 일부사처 제도의 존속이 불가피하다는 견해를 제시한다.

4부

신과 종교

무함마드는 스스로를 어떤 기적이나 권능을 갖지 않은 평범한 인간이라고 소개한다. 따라서 무슬림들은 그를 위대한 예언자 이상으로는 섬기지 않는다. 또한 창조주 알라 역시 유대교와 기독교의 신과 다르지 않다고 『꾸란』은 설명한다. 『꾸란』은 신이 보낸 천사 가브리엘로부터 무함마드가 계시받았다고 전해지는데 오늘날까지도 18억 무슬림 인구의 정신세계를 지배하고 있다. 무함마드가 생각한 신과 종교는 무엇이었을까? 이를 통해 종교가 우리 삶에 지니는 의미는 무엇인지 생각해보자.

알라는 다른 신과
어떻게
다른가
?

하나님과 알라는
같은 분이다

하나님과 알라는
같은 분이다

알라와 하나님은 다른 신인가?

'유일신 알라는 다른 신과 어떻게 다른가?' 이것은 유학 시절 동안 가장 힘들었던 질문이다. 『꾸란』의 '알라'를 우리말로 어떻게 옮길 것인가를 놓고 상당히 고민했다. 이 질문과 고민의 답은 무함마드의 말을 들어봐야만 얻을 수 있다.

한국외국어대학교에서 아랍어 문학을 공부하고 중동의 사우디아라비아로 유학을 떠났을 때의 일이다. 그곳 대학에서 학부 과정을 다시 이수하면서 무슬림도 예수를 믿는다는 말을 듣게 되었다. 더욱 놀라운 것은 예수도 '알라'를 믿고 경배했으며 알라를 구세주로 믿었다는 내용이었는데, 아프리카 대륙에 위치한 수단에서 박사 과정을 이수하면서도 비슷한 이야기를 접할 수 있었다. 이는 한국 사회에서 상상도 할 수 없었던 꿈같은 이야기였다. 예수가 곧 하나님이요 구세주라는 것만 알았던 내게 예수가 경배했던 구세주가 바로 알라라는 내용은 사실 여부를 떠나 큰 충격이었다.

사우디아라비아에서 이슬람문화 강좌를 듣기 전까지 알라는 내게 아랍인 또는 이슬람교 신자인 무슬림이 믿는 신이었다. 십육 년 동안 한국의 학교에서 그렇게 배웠고, 삼 년 동안 교회 생활을 하면서도 그렇게 들었다. 물론, 모든 언론 매체도 동일하게 표현했다. 그래서 이슬람교 무슬림들이 믿는 '알라'와 기독교 신자들이 믿는 '하나님'이 전혀 다른 신이라고 알고 있었다. 심지어 알라를 거짓으로 가득 찬 영靈이자 하나님 자리를 대신 차지한 사탄의 영이라고까지 규정한 한국의 모 신학대학교 석사 논문을 읽기도 했다.

사우디아라비아 유학 생활 중에 내가 겪은 가장 큰 고통은 언어가 아니라 문화적 갈등이었다. 이슬람문화 담당 교수가 '알라'와 '갓God', 즉 하나님을 동일한 존재로 설명했을 때 내 머리는 받아들이지 못했다. 내 머릿속에 저장된 '알라'와 하나님은 서로 다른 존재며 의미하는 바가 다르다는 고정관념이 그 설명을 거부했다. 검은색을 갑자기 흰색이라고 한다면 어느 누가 그 말을 사실로 받아들일 수 있겠는가? 이때부터 특정 사상과 이념이 불러온 고정 관념이 타 종교와 타 문화를 이해하는 데 가장 큰 장애물임을 깨달았다.

이런 생각도 해보았다. 말을 배우기 시작하는 아이에게 흰색을 검은색이라 가르친다면 몇 년 후, 그 아이는 흰색을 보며 검은색이라고 말할 것이다. 그때 그 아이에게 "아니야, 그건 흰색이야"라고 한다면 그 아이는 분명히 이렇게 답할 것이다. "아니야, 그건 검은색이야."

유대교, 기독교, 이슬람교의 창조주는 하나

알라를 기독교의 하나님과 동일한 유일신 창조주로 받아들이기까지는 상당한 시간이 걸렸다. 기독교에서는 다르다고 하는데, 왜 무함마드는 같다고 했을까? 기독교에서는 무함마드가 예수를 구세주로 믿지 않으니 알라와 하나님이 다르다고 주장한다. 반면에 무함마드의 주장은 아담이 믿었던 신을 노아가 믿고, 노아가 믿었던 신을 아브라함이 믿고, 아브라함이 믿었던 신을 모세가 믿고, 모세가 믿었던 신을 예수가 믿고, 예수가 믿었던 신을 무함마드가 믿으니 알라와 하나님이 동일한 유일신 창조주라고 주장한다.

『꾸란』에는 아브라함이 자손들에게 자신이 믿어온 유

일신 창조주를 믿으라고 했을 때, 야곱도 그렇게 했다고
전한다. 야곱의 자손들도 아브라함과 이스마엘과 이삭이
믿어온 유일신 창조주를 섬기겠다고 했다.

> 야곱이 죽음에 이르렀을 때 너희가 지켜보고 있었고 야곱
> 이 자손들에게 말했느니라. 내가 죽고 나면 너희는 무엇을
> 경배할 것이냐? 자식들이 대답하길, 아버지께서 믿어온
> 유일신과 아버지의 조상이신 아브라함이 섬겨온 유일신과
> 이스마엘과 이삭이 숭배한 유일신을 경배할 것입니다.
>
> (『꾸란』 2:133)

유학 사 년 차에 들어서자 질문에 대한 해답의 실마리
가 보이기 시작했다. 고정관념과 문화 인식의 차이가 낳
은 선입관이 깨지기 시작하면서부터다. 각 민족이 사용하
는 말과 글이 서로 달라서 동일한 존재에 대한 명칭이 서
로 다르게 표현된 것임을 이해하고 받아들이게 되었다.
영어권에서는 '갓God'으로, 독일어권에서는 '고트Gott'로,
우리말에서는 '하느님' 또는 '하나님'으로 표현된 것에 불
과하다.

알라가 유대교, 기독교, 이슬람교 등 세 종교에서 믿는
동일한 존재임을 군이 신학적으로 설명할 필요는 없을 것

164

같다. '갓'이, '고트'가, '하느님' 또는 '하나님'이 아랍어 『성경』에서는 '알라'로 표기되기 때문이다.

『꾸란』은 유대교와 기독교와 이슬람교의 신이 한 분이 라고 강조하면서 무함마드에게 그가 믿는 신과 유대인들 이 믿는 신, 기독교인들이 믿는 신이 동일한 유일신 창조 주라고 했다.

우리가 믿는 신과 유대교인 여러분이 믿는 신과 기독교 여 러분의 신은 유일신 창조주이라.(『꾸란』 3:64)

그래서 『꾸란』은 무함마드에게 동일한 유일신 창조주 께서 아브라함에게 보내준 『수흐프Suhuf』도 믿어야 하고, 다윗에게 보내준 「시편Jabur」도 믿어야 하고, 모세에게 보 내준 『토라』도 믿어야 하고, 예수에게 보내준 『복음서Injil』 도 믿어야 하고, 자신에게 보내준 『꾸란』도 믿어야 한다는 것을 가르치라고 했다.

일러 가로되 우리는 하나님을 믿고 우리에게 내려진 계시 와 아브라함과 이삭과 야곱과 그의 자손들에게 내려진 것 과 모세와 예수와 예언자들에게 내려진 것을 믿으며 예언 자들을 선별하거나 차별하지 아니하며 하나님 한 분만을

믿느니라.(『꾸란』 2:136)

그러므로 유일신이 내린 성서들을 부정하는 행위는 말할 것도 없지만 『꾸란』이나 『성경』을 선별해서 믿는 것은 유일신 창조주를 부정하는 행위가 된다고 했다.

유일신 창조주로부터 성서를 받은 예언자는 다섯 명이다. 『꾸란』에 실명으로 등장한 남성 예언자는 스물다섯 명이고 여성 예언자는 예수의 어머니인 마리아 한 명이다. 이들 중에서 세 명을 제외하고는 『성경』에 등장한 예언자들과 동일한 인물이다. 한편 실명이 언급되지 않은 예언자 수는 무려 12만 4,000명에 달하는데, 그중에 여성 예언자는 소수라고 했다. 이 예언자들은 유일신 창조주께서 제정하신 종교를 믿었다고 했다.

창조주께서는 노아에게 내린 종교를 너희의 종교로 확립하셨으며 그것을 그대 무함마드에게도 내렸고 아브라함과 모세와 예수에게도 내리면서 그 종교에 충실하고 그 안에서 분열하지 말라 하셨느니라.(『꾸란』 42:13)

무함마드는 세 종교의 창조주가 동일한 유일신이라는 것을 우주의 창조와 질서에서도 찾았다. 만일 유대교와 기독교와 이슬람교의 신이 각각 따로 존재한다면 그 신들이 창조한 피조물은 어떤 것들이 있는가? 또 세 종교를 믿지 않는 인간들은 어떻게 존재하게 되었는가? 세 종교의 신자들만 각자의 신에 의해 창조되어 존재하고 다른 인간들은 진화의 결과로 존재하게 되었다고 볼 수 있는가? 그렇다면 신들의 권력 다툼으로 우주의 질서가 불가능하지 않겠는가? 하는 질문을 던지면서 인간을 비롯한 우주 만물은 유일신 창조주에 의해 존재하게 되었다는 자신의 뜻을 굽히지 않았다.

『꾸란』에 의하면 인류 시조로 일컫는 아담이나 믿음의 조상 아브라함, 모세나 예수는 모두 동일한 유일신을 신봉했다. 그런데 예수를 믿고 따르던 제자들은 예수를 신격화한 나머지, 성부도 없고 성자도 두지 않은 일위일체一位一體의 하나님이 성부·성자·성령이란 삼위일체三位一體의 하나님이 되었다고 주장했다. 그리하여 기독교는 지구에 온 예수를 하나님의 아들로 보고 '성부=성자=성령'이라는 등식을 만들어 창조주 하나님을 삼위일체의 유일신으로 여긴다. 하지만 무함마드는 창조주 하나님은 예수가 태어나기 전인 태초부터 홀로, 즉 일위로 존재했음을 내세워 일위일체의 하나님으로 보았다.

무함마드는 이런 질문을 던졌다. "예수가 오기 전의 신은 어떤 신이었는가?" 그러자 신은『꾸란』을 통해 자신은 삼위일체의 신이 아니라 일위일체의 하나님이라는 대답을 주셨다고 했다.

일러 가로되 그분이야말로 동일한 하나님이시며 처음부터 끝까지 영원히 존재하는 분이시며 성자도 두지 않고 성부도 두지 아니한 분이시며 그 어떤 것에도 비유될 수 없는 분이시니라.(『꾸란』112:1-4)

이상에서 살펴본 결과 모세, 예수, 무함마드 세 사람이 주인공이 되어 소개된 유대교, 기독교, 이슬람교의 신은 서로 다르다고 말할 수 없다. 세 종교의 신학적 이론에서 보아도 이 점을 부정하기란 쉽지 않을 것이다.

168

성전이란
무엇인가
?

나약한
자신과의 전쟁

나약한
자신과의 전쟁

무함마드가 전하는 성전의 무기

유신론적 입장에서 보면 우주에는 신의 왕국이 있고 인간의 왕국이 있다. 신이 세운 왕국 안에 인간이 세운 국가, 다시 말해 인간의 왕국이 자리하며, 각 국가는 나라를 지키고 국민의 생명과 재산을 보호하기 위해 군대를 두고 있다. 군대에서 군인을 선발하는 방식은 두 종류다. 하나는 미국처럼 지원에 의한 직업군인을 모병하여 군대를 유지하는 모병제募兵制가 있고, 다른 하나는 우리나라처럼 국가가 국민에게 병역 의무를 강제하는 징병제徵兵制가 있다.

하나님의 왕국을 지키는 군대도 역시 두 종류로 나뉘는데, 하나는 의무병이고 다른 하나는 지원병이다. 이 중 의무병은 헤아릴 수 없이 많은 천사로, 이 천사들은 하나님의 명령에 따라 신의 왕국을 수호한다. 이에 반해 지원병

170

은 천국이라는 보상을 대가로 자신의 선택에 따라 하나님을 구세주로 믿고 따르는 신자들로 구성된다.

각 국가의 지도자가 국민의 생명과 재산을 지켜야 하는 것처럼 하나님은 신의 왕국을 선택한 신자들의 생명과 재산을 보호한다. 적이 공격을 해오면 아군은 적군에 대항해 싸우게 된다. 이를 우리는 전쟁이라고 하면서 '지하드Jihad'라 일컫고, 이 전쟁에 참여하는 군인을 지하드에서 파생된 '무자히드Mujahid'라 부른다.

국가를 위해 싸우는 군인도, 하나님을 위해 싸우는 군인도 무자히드다. 구소련에 대항해 십 년 가까이 전쟁을 치른 아프가니스탄 병사들도 무자히드라 불렀고, 역시 십 년 가까이 아프가니스탄을 점령해왔던 미국과 아프가니스탄 정부에 대항해 싸우는 반정부 무력 집단도 자신들을 가리켜 무자히드라고 부른다. 악랄했던 일제강점기 때, 한민족의 독립을 위해 투쟁했던 독립투사들 역시 무자히드라 할 수 있다.

국가가 전쟁을 하는 목적이 나라를 지키고 국민의 생명과 재산을 보호하는 데 있는 것처럼 성전의 목적은 신의 왕국을 지키고 신자들의 생명과 재산을 보호하는 데 있다. 신이 계획한 정의 사회는 부패와 타락이 없고 사회악이 없으며 윤리와 도덕이 깨끗한 나라다. 그러한 나라를

만드는 사람들이 신을 기쁘게 하고 그들이 곧 신의 사랑
을 받는다. 그래서 국가를 위해 싸우다가 죽은 자는 애국
자로 인정받아 국립묘지에 안장되고 그 가족이 보상을 받
는다. 마찬가지로 하나님의 왕국을 위해 성전에 임하다가
죽은 자는 순교자로 인정받고 하나님의 사랑으로 천국이
라는 보상을 받는다.

하나님께서는 하나님을 위해 믿는 자들이 바친 그들의 생
명과 재물의 대가로 그들에게 천국을 주시느니라. 그리고
하나님께서는 하나님을 위해 성전하는 자들을 사랑하시느
라.(『꾸란』 9:111)

또한 하나님을 위해 성전에 임하다가 죽은 자들은 죽은
것이 아니고 살아서 하나님 곁에 있다고 말한다.

하나님을 위해 순교한 자가 죽었다고 생각하지 말라. 그들
은 하나님께서 주신 양식을 먹으며 하나님 곁에서 살고 있
느니라.(『꾸란』 2:154)

무함마드는 가장 훌륭한 사람이 누구냐는 제자들의 질
문에 생명과 재산을 바쳐 성전에 임하는 자들이라 답했

고, 성전에서 순교한 자들에 대한 보상이 무엇이냐는 질문에 천국이라고 답했다. 순교자가 흘린 피는 천국에서 최상의 향기로 변하며, 하나님을 믿는 자들은 재물과 생명을 바쳐 성전에 임한다고 말했다.

무함마드는 생명을 바칠 수 없는 경우에는 재물과 마음과 혀로써 성전을 하라고 촉구했다. 지하드는 노력하다, 전력하다, 투쟁하다, 싸우다 등 여러 의미를 함축한 동사 '자하다Jahada'에서 파생된 명사다. 그래서 성전의 도구는 마음도 될 수 있고, 혀도 될 수 있고, 무기도 될 수 있고, 재물도 될 수 있고, 생명도 될 수 있다. 무함마드는 '묻지마 범행'을 저지르는 자나 공중도덕에 어긋나는 행위를 하는 자를 보면 몸으로 그 행위를 저지해야 하고, 몸으로 하기 어려운 경우에는 입으로 소리를 질러 다른 사람으로 하여금 저지하게 해야 한다고 말했다. 또한 그러한 비행을 입으로도 비난하고, 입으로 어려울 경우에는 마음으로 그 비행을 저주해야 한다고 이야기했다.

성전의 네 가지 대상

무함마드는 먼저 『구약』과 『신약』을 믿는 유대교인들과 기독교인들을 불신하는 자들도 성전의 대상이 된다고 했다. 무함마드의 사위 알리의 전언에 따르면 무함마드는 성전을 위해 네 개의 검을 보냈다고 했다. 첫 번째 검은 불신자들에 대항할 검이고, 두 번째 검은 하나님 외에 다른 피조물에 신격을 부여하는 자에 대항할 검이고, 세 번째 검은 성서의 백성들을 불신하는 자들에 대항할 검이고, 네 번째 검은 부패하고 타락한 자에게 대항할 검이라고 했다.

두 번째 성전의 대상은 부패와 타락과 비행이다. 부패한 국가의 지도자와 공직자의 퇴진을 요구하는 것도 성전이고, 무능한 교사와 교수를 퇴출시키는 것도 성전이며, 타락한 성직자를 몰아내는 것도 성전이고, 비행 청소년과 폭행 청소년을 선도하는 것도 성전이다. 범죄와의 전쟁, 폭주와의 전쟁, 도박과의 전쟁, 금연과의 전쟁, 낭비와 사치와의 전쟁도 성전이다.

세 번째 성전의 대상은 현세의 세속적인 유혹이다. 『꾸란』은 사기와 거짓말과 과대광고에 속지 말고 종교를 팔아 속세의 이득을 챙기는 자들에게 현혹되지 말라고 촉구한다.

마지막 성전의 대상은 자기 자신이다. 무함마드는 자기 자신에 대한 성전이 가장 존경받은 위대한 성전이라고 했다. 자신에 대한 성전이 가장 위대한 이유는 분명하다. 자기 자신과의 싸움에서 패하면 모든 것이 무의미하기 때문

174

이다. 자신에게도 해롭고 타인에게도 해로운 흡연을 멈추고 금연을 실천하려는 노력도 성전이고, 중독되면 자신과 가족과 국가에 해가 되는 음주를 끊으려고 애쓰는 것도 성전이며, 자기 자신과 가정을 파괴하는 도박을 끊으려고 노력하는 것도 성전이다.

공부하는 학생이 학업과 관련한 자신과의 싸움에서 패하면 학업은 실패한다. 사회생활을 하는 직장인이 직장 생활과의 싸움에서 패하면 직장 생활은 오래가지 못한다. 사업가가 사업과 관련한 자신과의 싸움을 이겨내지 못하면 사업에 실패하고 만다. 가난한 자가 가난과의 싸움에서 이겨내지 못하면 평생 가난을 벗어날 수 없다. 믿는 자가 믿음과 관련한 자신과의 싸움에서 승리하지 못하면 부처의 극락에도 갈 수 없고, 예수의 왕국에도 갈 수 없고, 하나님의 왕국에도 갈 수 없다. 여러 성전 중에서 가장 위대한 것은 바로 자기 자신에 대한 성전이다.

꾸란은
어떻게
만들어졌는가
?

암송에서 필사로,
꾸란의 완성

암송에서 필사로,
꾸란의 완성

『꾸란』을 암기하는 이유

『꾸란』은 어떻게 만들어졌는가? 『꾸란』이 하나님의 말씀이라는 것을 어떻게 증명할 수 있을까? 610년 9월 라마단 월말의 어느 홀수 날 밤, 무함마드가 메카에 있는 히라Hira 동굴에서 명상에 몰입하였을 때였다. 천사 가브리엘이 하나님의 명령을 받고 내려와 '천국에 보존된 서판Lauhah Al-Mahfuj'에 기록된 하나님의 말씀을 무함마드에게 전달하였다. 그러면서 그 말씀을 읽고, 암기하고, 암송하라Iqra 명했다. 이 밤을 가리켜 '거룩한 밤', '신성한 밤', '위대한 밤'이라 일컫는다. 『꾸란』은 이 밤을 라이라투 알까드르lailat al-qadr라 한다.

이 밤은 천 개의 달보다 더 좋은 밤이다. 이 거룩한 밤에 행하는 선행과 금식과 기도 생활은 천 개월의 밤 동안에 행하는 것보다 더 많은 축복을 받는다. 그뿐 아니라 가브리엘을 비롯한 여러 천사가 내려와 새벽까지 함께하면서 기도하고 예배하는 사람들의 소원을 듣고 하나님에게 전달한다고 알려졌다. 무슬림들은 매년 찾아오는 라마단 기간에는 해가 떠 있는 동안에 금식을 하면서 예배와 기도에 열중한다.

무함마드는 계시받은 『꾸란』을 추종자들에게 암기하고 암송하라고 말했다. 추종자들은 하나님의 말씀을 간직하려는 열정으로 『꾸란』을 암기하고 암송했다. 글을 아는 추종자들은 받아쓰기도 하고 베껴 가기도 했다. 이러한 과정은 무함마드가 첫 계시를 전달받은 마흔 살부터 예순셋의 나이로 세상을 떠난 그해까지 이십삼 년 동안 계속되었다. 622년에 메디나로 떠날 때까지 십삼 년 동안 메카에서 전달받은 『꾸란』을 '메카 계시'라 칭하고, 다시 십 년 동안 메디나에서 전달받은 『꾸란』을 '메디나 계시'라 칭했다.

『꾸란』은 14세기가 지난 오늘날까지 암기와 암송과 기록으로 보존되어 내려온다. 무함마드는 『꾸란』 암기와 암송을 장려하기 위해 추종자가 있는 곳이라면 도시나 사막을 가리지 않고 『꾸란』 암기자인 '하피즈Hafiz'나 암송자인 '까리Qari'를 파견했다. 『꾸란』 공부를 장려하기 위해 하나님을 가장 기쁘게 하는 것이 『꾸란』을 암기하는 자와 배우는 자며, 그래서 그 사람들이 하나님의 축복을 가장 많이 받는 무리 중에 있게 될 것이라 했다.

무함마드가 임종한 후 '야마마Yamāmah'라는 지역에서 이슬람 반대파와 치열한 전투가 벌어졌다. 이 전투에서 칠백여 명에 달하는 『꾸란』 암기자(하피즈)가 피살되자 무함마드의 오른팔 역할을 했던 우마르 이븐 알카타브Umar ibn al-Khattab가 『꾸란』의 보존을 암기나 암송에만 의존하는 것은 위험하다고 판단했다. 우마르는 무함마드의 통치권을 이어받은 초대 칼리프 아부 바크르Abu Bakr에게 여기저기 기록되어 흩어진 『꾸란』을 한데 모아 단행본으로 엮을 것을 제의했다.

『꾸란』을 단행본으로 엮어 보존하라는 무함마드의 언급이 없었다는 이유로 편집 작업을 두려워했던 아부 바크르는 무함마드의 서기로 일하면서 『꾸란』의 전 분량을 암기하였던 자이드 이븐 알하리스 Zayd ibn al-Harith를 편집위원장으로 임명하고 『꾸란』이 기록된 모든 자료를 수집토록 부탁했다. 그렇게 수집한 자료를 아부 바크르가 보관하다가 사망한 후에 우마르의 딸이자 무함마드의 아내였던 하프사Hafsah가 보관해왔고 제3대 칼리프 우스만 이븐 아판Uthman ibn Affan 시대에 이르러 책으로 필사되었다. 무함마드가 사망한 후 이십 년이 지난 후의 일이다.

　그런데 오늘날의 이라크, 이란, 이집트 등 서아시아 지역에서 이슬람을 받아들이면서 그 지역 무슬림들이 모음 기호 없이 기록된 『꾸란』을 읽고 암기하게 되었다. 이 과정에서 『꾸란』이 제각각 발음되면서 본래 의미가 크게 왜곡되는 사건이 벌어졌다. 게다가 발음 문제로 아제르바이잔 전투에 참가한 병사들 간에 분쟁이 발생하자 이를 목격한 후다이파 빈 알야만Hudhaifa bi ai-Yaman 사령관이 칼리프에게 보고했다.

　이러한 분쟁을 해소하고 『꾸란』을 원본대로 보존하면서 읽고 암기하는 방법을 통일하기 위해 모음 없이 필사된 『꾸란』을 암기자 및 암송자가 암송으로 검증하여 모음 기호를 붙이게 되었다. 이때 필사본으로 집대성된 『꾸란』을 『무스하프Mushaf』라 일컫는다. 『꾸란』은 하나님의 말씀을 지칭하는 말인데, 단어 하나는 물론이고 점자 하나도 『꾸란』이라고 칭한다.

　『꾸란』의 전 분량을 암기하고 외우는 자들의 손으로 편집된 『무스하프』는 604쪽에 달한다. 총 114장 6,236절에 어휘 7만 7,934개, 철자 32만 3,760개로 구성되었다. 각 장의 편집 순서는 계시된 순서가 아니라 상황에 대처하기 위해 무함마드가 적용했던 순서에 따른 것이며, 각 장의

180

명칭은 그 장에서 다루는 주제이거나 발생한 사건에서 유래한다. 이때 편집된 단행본을 다시 필사해 『무스하프』를 7권 만들었고 메카, 이집트, 예멘, 이라크, 시리아, 바레인 등으로 한 권씩 보냈으며 원본은 메디나에 보관했다.

현재까지 필사본 두 권이 남아 있는데 한 권은 터키 이스탄불에 있는 토카피Tokapi 박물관에, 다른 한 권은 우즈베키스탄 타슈켄트 국립역사박물관에 소장되어 있다. 최초로 아랍어 활자로 인쇄한 『꾸란』은 1530년 로마 파기누스 브리킨시스Paginus Brixiensis가 발행했으며, 한국어 『꾸란』 해설판은 메카에 본부를 둔 전 세계 이슬람총연맹의 후원과 사우디아라비아 이슬람 부처 장관의 추천에 의해 이슬람력 1417년에 고故 파하드 국왕 무스하프 출판청에서 출간되었다.

『꾸란』의 엄격한 아랍어 사용

『꾸란』을 읽고 암기하는 데 도움이 되도록 604쪽에 달하는 『꾸란』의 전 분량은 각각 30등분으로 균등하게 표시한다. 이렇게 30등분을 한 것은 『꾸란』에 최초로 계시된 라마단 기간이 30일이기 때문에 매일 한 등분 분량을 읽고 암기하도록 하고자 함이다. 금식을 수행하는 라마단 기간 동안 그날의 마지막 예배 후 '타라위Tarawih'라는 특별

예배가 열리는데, 예배를 집전하는 이맘Imam이 한 등분씩 암기하면 참석한 다른 예배자들이 이를 듣게 된다. 『꾸란』을 암기하는 자가 없는 곳에서는 무스하프에 기록된 『꾸란』을 매일 30분의 1만큼 읽는데, 이로써 최소한 해마다 한 번은 『꾸란』 전체를 암기하거나 읽거나 듣게 된다.

하나님은 무함마드가 아랍 사람이므로 아랍어로 『꾸란』을 계시한다고 하면서 아랍어 『꾸란』을 원본대로 영원히 보존할 것이라고 했다. 모세가 그의 언어로 계시를 받고 예수가 그의 언어로 계시를 받은 것처럼, 무함마드도 그의 언어로 계시를 받았다. 공통점은 하나님의 계시를 받은 모세와 예수와 무함마드 모두 중동 출신이라는 점이다.

신의 말씀을 달성하기 위해 무함마드는 추종자들에게 『꾸란』을 암기하고 암송하도록 했으며 예배 언어도 『꾸란』의 아랍어여야 했다. 추종자들도 『꾸란』을 하나님의 말씀으로 받아들이면서 무함마드의 전통을 철저히 지켜나갔다. 금요 합동 예배 설교에서 『꾸란』을 인용할 때는 반드시 아랍어 『꾸란』을 인용하도록 했고 각 개인 예배에서도 『꾸란』을 암기하도록 했다. 매년 한 달의 라마단 기간 동안 『꾸란』을 읽고 암기하고 듣는 것도 『꾸란』의 아랍어가 전 세계에 전파되어가는 데 큰 역할을 하였다. 매일 의무 예배와 임의 예배와 추가 예배를 수행하면서『꾸란』을 암기하는 횟수는 최소한 열일곱 번에서 쉰 번에 가깝다.

14세기 전부터 오늘날까지 이 전통은 계속 내려오고 있다. 특히 전 세계 57개 이슬람 국가들은 라마단이 시작되면 경쟁적으로 전국적인『꾸란』암송 대회를 펼치면서『꾸란』암기를 장려한다. 이러한 전통의 힘이 매년 수십만 명의『꾸란』암기자들을 배출해냈다. 이것이 바로『꾸란』의 아랍어가 전 세계로 퍼져나가는 가장 큰 원동력이다. 아랍어를 모국어로 사용하는 아랍 국가는 22개국이나 되며, 전 세계 18억 무슬림들이『꾸란』에 쓰인 아랍어를 매일 최소한 17회 이상 암기하는 것이다.

앞으로도『꾸란』에서 사용하는 아랍어는 사라지지 않을 것이다.『꾸란』에 쓰인 아랍어는 지금까지 인류가 사용해온 모든 언어 중에서 가장 오랜 생명을 지닌 언어가 되었고 앞으로도 가장 오래 살아남을 수 있는 언어라는 견해는 누구도 부정할 수 없다.

혹자는『꾸란』이 하나님의 말씀이 아니라 무함마드가 만들어낸 것이라고 말하기도 하고, 무함마드 제자들이 써놓은 것이라고 말하기도 한다. 그 외에 지옥으로 가는 책이라고 말하는 사람도 더러 있다. 이 세상의 모든 사람은 자신의 믿음과 생각을 여러 형태로 표현할 수 있다. 표현의 자유가 있기 때문이다. 이 표현의 자유를 아무리 허용해도 표현이 안 되는 게 하나 있다. 14세기 전의 『꾸란』이나 지금의 『꾸란』, 미국이나 한국이나 사우디아라비아에 있는 『꾸란』 모두가 일점일획도 다르지 않고 동일하다는 점이다. 이것은 누구도 부정할 수 없는 기정사실이다.

금식과 성지순례는
어떤 의미를 지니는가
?

범세계적 형제애의
실천 의식

범세계적 형제애의
실천 의식

라마단의 의미와 중요성

유대교인들이나 기독교인들이 금식을 했던 것처럼 무슬림들도 금식을 하라는 『꾸란』의 가르침에 따라 매년 한 달 동안 라마단 의식을 치른다. 라마단 중에는 아침 새벽 예배를 알리는 '아잔Azan'이 울려 퍼지는 순간부터 낮 동안에는 음식은커녕 물 한 모금도 마시지 않는다. 태양이 서산이나 수평선 아래로 떨어지고 석양 예배 시간을 알리는 아잔이 다시 흘러나오면 종려나무 열매와 음료수로 서둘러 허기를 채운다. 이처럼 그날의 금식을 깨뜨리는 것을 '이프타르Iftar'라 부르며 석양 예배를 마친 후에는 군침이 도는 음식을 먹는다.

태음력인 이슬람력은 일 년이 354일로, 365일의 태양력보다 11일이 짧아 라마단 기간이 매년 11일씩 앞당겨진다. 그래서 태양이 내리쬐는 한여름에 라마단 금식을 하게 될 때도 있고 눈보라가 몰아치는 혹한의 겨울철에 라마단 금식을 하게 되는 때도 있다.

대략 새벽 예배 한 시간 전에 가볍게 식사를 한다. 이 식사를 가리켜 '사후르Sahur'라 하는데, 무함마드는 이프타르는 서둘러 먹고 사후르는 천천히 먹을 때 더 많은 축복을 받는다고 말했다. 새벽 예배 시간이 될 때까지 친구들과 이런저런 종교적 담소를 비롯해 재미있는 세상 이야기를 나누면서 밤을 지새우다가 새벽 예배를 마친 후 잠자리에 드는 것이 라마단 기간 동안 벌어지는 일상이다.

이른 새벽에 밥을 먹는 것은 다음 날 금식을 좀 더 수월하게 하기 위해서고, 친구들과 밤을 지새우면서 재미있는 이야기를 나누며 시간을 보내는 것은 최대한 아침잠을 많이 자서 낮 동안의 금식 시간을 줄이기 위해서다. 새벽에 잠이 들면 오전 늦게까지 잠을 잘 수 있다. 그러므로 오전 10시 전까지는 가정을 방문한다거나 전화를 거는 것은 실례가 될 수 있다. 대신 밤중이나 새벽이라도 사후르를 먹는 동안에는 전화를 하거나 방문한다 해도 실례가 되지 않는다.

라마단 한 달은 위대하고 거룩하며 성스러운 달이다. 그달 20일 이후의 어느 홀수 날에 최초로 성스러운 『꾸란』이 계시되었기 때문이다. 이러한 이유로 라마단 기간에만 매일 밤 치르는 '타라위' 예배에서 『꾸란』을 하루에 30분의 1씩 암기하거나 읽거나 듣거나 해서 604쪽에 달하는 전체 분량을 한 달 안에 소화한다.

보통의 평일 저녁은 그날 일과를 마치고 가정으로 귀가해 휴식을 취하는 시간이다. 그러나 라마단 기간의 저녁은 오히려 그 반대 현상이 일어난다. 그날의 일과가 계속되는가 하면 오히려 그날의 일과를 시작하는 영업집도 수두룩하다. 금식하는 낮 동안에 꼭꼭 닫힌 모든 식당이 거리를 전등불로 화려하게 장식하고 영업을 개시한다. 시장과 크고 작은 가게들은 사람들로 북적거린다. 회사에서는 상담이 오가며 이슬람 예배당에서는 거룩한 라마단 달의 의미에 대한 학자들의 강의가 열리고 이에 대한 진지한 대화와 토론이 벌어진다.

라마단은 금식을 하면서 하나님을 경배하는 신앙의 달이다. 라마단 한 달 동안에는 저녁부터 아침 전까지 천사들이 하늘을 오르내리며 예배하는 자의 모든 간구를 하나님께 전한다고 한다. 그래서 라마단 달에 메카를 찾는 무슬림들이 많아지는데, 특히 20일 이후 밤 예배에는 예배당을 찾는 무슬림들의 수가 부쩍 늘어난다.

라마단을 치르는 달은 위대한 달이라고 한다. 이는 이

슬람 역사에서 처음으로 벌어진 '바드르Badr 전투'에서 무함마드가 이끈 무슬림 군대가 승리를 거두었기 때문이다. 라마단을 자비의 달이라 부르기도 한다. 가난하고 불우한 사람들에게 자비와 사랑을 베푸는 달이기 때문이다. 라마단 기간 동안 예배당 밖에서 온갖 행사가 열리기도 한다. 나라마다 라마단 달에 치르는 풍습에 다소 차이가 있지만, 마술사는 요술을 부리고, 뒤질세라 곡예사는 공중곡예를 뽐내며, 시인이나 만담가는 사람들을 유혹할 만한 능통한 화술로 라마단 밤을 수놓는다.

이런 구경거리는 라마단 한 달 동안 매일 계속되다가 29일 밤을 끝으로 낮 동안의 금식과 밤거리에서 볼 수 있었던 진풍경이 막을 내린다. 초승달을 보고 시작한 라마단 한 달 동안의 금식은 다음 초승달을 보며 마친다. 라마단 바로 다음 달 첫날에 명절을 맞이한다. 잘 익은 오곡으로 추석 명절을 맞이하는 우리와 달리, 무슬림들은 한 달 동안의 금식을 통해 얻은 정신적 기쁨으로 명절을 맞이한다.

이 명절을 가리켜서 '이드 알피트르Eid al Fitr'라 하는데 '금식을 깨뜨리는 축제의 날'이란 뜻이다. 이 명절은 사흘 이상 이어지는데, 이 기간에는 새 옷을 입고 이른 아침부터 가까운 친지들을 방문해 덕담을 나눈다. 이웃이나 친구들과 만나서 '이드 싸이드Eid Said(행복한 명절이 되길 바람

니다)'라 인사하고 '이드 무바라크Eid Mubarak(축복받은 명절
이 되길 바랍니다)'란 문구로 답례 인사를 한다.

명절 예배가 시작되기 전에 일 인당 1.8킬로그램의 쌀
이나 그에 해당하는 금액을 가족 수에 따라 지불한다. 이
를 가리켜 금식을 깨뜨리는 '자카툴 피트르(금식을 깨뜨리
는 이슬람세)'라 한다. 이것은 예배가 시작되기 전 가난한
사람, 불우한 사람, 필요로 하는 사람들에게 분배해 명절
의 기쁨을 함께 나눈다는 무함마드의 가르침이다.

이슬람교 성지는 세 곳이며, 그 외 어떠한 장소도 성지
로 인정하지 않는다. 사우디아라비아에 있는 메카와 메디
나 두 성지와 이스라엘이 점령한 아크사 성원Masjid al Aqsa
과 황금 돔 성원Masjid Qubbah al Sakhrah이다. 메카에는 하나
님의 집Bait Allah이라 불리는 카으바 신전이 있고 메디나에
는 예언자 성원Masjid al Nabi이 있다. 예루살렘은 『성경』과
『꾸란』에 등장하는 예언자들의 고향이고, 무함마드가 밤
의 여행 이스라Isra와 하늘 여행 미으라즈Miraj를 다녀온 곳
이요, 무슬림들의 최초 예배 방향이다.

무함마드가 남긴 말에 의하면 메카 성지에 있는 하람
예배당Masjid al Haram에서 행하는 한 번의 예배는 다른 곳에
서 행하는 예배보다 십만 배의 축복을 받고, 메디나 성지
의 예언자 성원에서 행하는 한 번의 예배는 천 배의 축복

을 받고, 예루살렘의 아크사 성원과 황금 돔 성원에서 행하는 한 번의 예배는 오백 배의 축복을 받는다는 것이다. 전 세계 무슬림들이 메카를 찾고 메디나를 찾는 목적과 이유가 바로 여기에 있다.

성지순례의 모습과 의미

대성지순례인 하지는 아무 때나 가는 것이 아니라 정해진 기간에 수행해야 한다. 이슬람력 열두 번째 하지 달 7일 밤부터 8, 9, 10, 11, 12, 13일까지가 하지 기간이다. 이슬람의 성지순례는 민족과 언어, 피부 색깔을 초월한 범세계적 형제애를 실천하는 가장 숭고한 의식의 하나로, 현실 문제와 내세 문제를 동시에 다루는 지구촌에서 가장 큰 연례 종교 집회다. 정신과 언행, 육신과 영혼이 하나가 된 여행으로 민족과 언어가 다르고 피부 색깔이 서로 다른 삼백만 명에 달하는 순례자들이 하얀 순례복 이흐람 Ihram을 입고 인산인해를 이루며 통일된 『꾸란』의 언어로 순례가를 합창하면서 카으바 신전을 향해간다.

남성의 경우는 속옷까지 벗어버리고 바느질이 되지 않은 두 장의 길고 흰 천을 몸에 두르고 메카에 입성하는데, 한 장은 허리에 둘러 아래를 가리고 다른 한 장은 어깨에 두른다. 평상복을 벗고 하얀 천으로 몸을 가리는 것은 인류의 시조인 아담과 하와의 모습으로 귀의한다는 의미와 함께, 인간이 이 세상을 떠날 때 수의 한 벌만 걸치고 저 세상으로 떠나는 것처럼, 현세의 모든 물욕을 버리고 하나님 앞에서 평등을 실현하는 한 과정이다. 순례자는 고급스러운 신발을 신어서도 안 되며 필요한 경우에는 가장 허름한 신발을 신는다. 모세가 알라 앞에서 신발을 벗었던 것처럼 아예 맨발로 순례하기도 하는데, 이것이 더 많은 축복을 받는다고 말하는 사람도 있다.

순례자들은 하람 성원의 뾰족탑Manarah을 보는 순간부터 순례가를 합창하면서 하람 성원 안으로 들어간다. 순례자들은 카으바 신전에 박힌 흑석 코너에서 출발해 카으바 신전을 시계 반대 방향으로 걷거나 뛰면서 일곱 바퀴를 돈다. 그 후 대리석으로 장식된, '사파'와 '마르와'라는 두 바위 언덕 사이로 난 회랑을 걷고 뛰면서 일곱 번 걸어 다닌다. 이러한 관행은 아브라함의 후처 하갈이 한 전통에서 비롯되었다.

하지 달 9일에 순례자들은 신전으로부터 약 14킬로미터 떨어진 아라파트Arafat(에덴동산)로 이동해 순례의 마지막 의식을 행한다. 자비의 산이라 불리는 이 작은 언덕은 천국에서 아담과 하와가 땅으로 내려와 처음으로 만나 하나님을 경배한 후 밤을 지새우며 하룻밤을 보냈던 곳이다. 또 무함마드가 임종하기 전 무슬림들에게 마지막 고별 설교를 했던 장소이기도 하다.

『성경』과 『꾸란』은 아브라함이 이스마엘과 이삭 중 누구를 제단에 바쳤는가에 대해 입장이 서로 다르다. 아브라함은 꿈에서 아들을 하나님께 바치라는 명령을 받는다. 그러나 누구로 제물로 바치라는 표현이 없을뿐더러 『꾸란』에서는 제물로 바치라는 게 이스마엘인지, 이삭인지 찾을 수 없다. 기독교에서는 「창세기」 22장 2절을 내세워 제물이 된 아들을 이삭이라고 주장하는데, 이스마엘은 사라의 몸종 하갈에서 태어난 서자이므로 법적 장자가 될 수 없음을 이유로 덧붙인다.

한편 이슬람은 견해가 다르다. 아브라함이 꿈에서 아들을 신의 제단에 바치라는 명령을 받았을 때, 이삭은 아직 태어나지 않았으므로 신의 제단에 바쳐진 자식은 이스마엘일 수밖에 없다는 주장이다. 이 대목이 기독교의 서자 제도를 부정하는 이유다. 『구약』에는 사랑하는 독자 이삭을 모리아 땅으로 데려가 번제를 드리라고 기록되어 있다. 이에 대해 이슬람 학자들은 『꾸란』의 '마르와Marwa'의 발음이 『성경』에서 '모리아'로 표기된 것이라고 말한다.

하지 달 10일 순례자들은 메카에서, 전 세계 무슬림들은 가정에서 허용된 가축을 하나님의 이름으로 도살한다.

이날을 '이드 알아드하Eid al Adha'라 부른다. 허용된 가축을 도살해 하나님의 제단에 바치는 명절이라는 뜻이다. 도살된 고기는 삼등분하고 하나는 이웃과 친지에게, 다른 하나는 이스마엘에 관한 이야기를 되새기면서 가족과 함께 요리해 먹고, 나머지 하나는 가난하고 어려운 사람들에게 나누어준다. 새 옷이나 깨끗한 옷을 입고 친지를 방문해서 선물을 교환하며 새해의 복을 기원하는 모습은 우리의 설날과 다르지 않다. '당신에게 매년 좋은 일만 있기를 바랍니다(Kulu Am Wa Antum Bi Khair)' 하고 새해 인사를 교환한다.

예수의 탄생일인 12월 25일이 기독교인들 위한 가장 큰 명절이라고 한다면, 허용된 가축을 도살해 하나님께 감사 기도를 드리는 이슬람력 12월 10일은 무슬림들을 위한 가장 큰 명절이다. 예수 탄생일을 경축하는 크리스마스가 화려하게 치장하는 떠들썩한 문화라면, 아브라함의 아들 이스마엘이 하나님의 제단에 바쳐진 것을 기념하는 이둘 아드하는 아브라함의 모범적 신앙과 부모에 대한 자식의 순종을 이야기하면서 검소하고 조용하게 경축하는 명절이다.

라마단 한 달 동안의 금식은 하나님을 위해 수행하는 것이다. 무슬림들은 라마단 기간 동안 금식하는 자에게 하나님께서 직접 보상을 내려준다고 여긴다. 또한 라마단 기간 동안에 하나님의 말씀인 『꾸란』 전체를 읽고 암기하고 들으며, 어려운 사람들에게 자선을 베풀고, 밀린 임금을 지불하고, 특별사면을 하기도 한다. 하지는 하나님의 집인 카으바 신전을 방문해 하나님께 경배하는 특별한 기간이다. 이처럼 무슬림들은 하나님을 기쁘게 하기 위해 이 기간들을 소중하게 생각한다.

무함마드는
예수의 죽음을
어떻게 보았나
?

예수는 죽지 않았다,
하나님에 의해 '산 채로' 승천했을 뿐

예수는 죽지 않았다,
하나님에 의해 '산 채로' 승천했을 뿐

예수는 왜 십자가를 짊어질 필요가 없었는가

예수는 누구인가? 역사 속의 한 인물로 보는 견해가 있는
가 하면 바람을 피운 여자의 아들로 묘사한 무리도 있고,
신화적인 인물이라고 주장하는 사람도 있다. 『꾸란』에 등
장하는 예수는 서기 27년부터 30년까지 삼 년 남짓 활약
한 것을 제외하면 생애, 특히 마지막 생애에 관한 이야기
들은 신비와 베일로 싸여 있다.

　『꾸란』과 무함마드는 예수가 동정녀 마리아를 통해 탄
생하고 하늘로 승천했으며 다시 땅으로 내려온다고 주장
한다. 천사가 사람의 형상을 하고 마리아 앞에 나타나 아
들을 갖게 될 것이라 말한다. 그러나 마리아는 남자와 동
침한 적도 없는 처녀가 어떻게 아이를 임신할 수 있느냐
고 반문하면서 어느 남자와도 부정한 짓을 한 적이 없다

고 말한다. 그러자 그 천사는 창조주 하나님은 남자와 여
자 없이 아담을 창조하셨고, 하물며 남자의 몸에서 하와
를 창조하는 능력을 지닌 분이시니 처녀의 몸으로 임신하
게 하는 것은 무척 쉬운 일이라고 말한다. 그러면서 마리
아에게서 태어날 그 아이의 이름이 메시아 예수며, 그 아
이가 현세와 내세에서 존경을 받을 것이요, 하나님 가까
이에 있을 것이라는 소식을 전한다.

천사들이 말하기를, 하나님께서 너에게 말씀으로 기쁜 소
식을 주시매 그것은 마리아의 아들 메시아 예수이니라. 그
는 현세와 내세에서 존경을 받을 것이요 하나님 가까이 있
는 자 가운데 한 명이 될 것이니라.(『꾸란』 3:45)

『꾸란』은 예수의 승천에 대해, 하나님은 완벽한 능력을
가지고 계시는 분이므로 예수의 육신과 영혼을 함께 들어
올렸다고 했다. 죽은 후 부활해 승천한 것이 아니라 살아
있는 상태에서 잠들게 한 뒤 들어 올림을 받았다고 했다.
예수가 공정한 중재자로서 다시 이 세상에 재림할 것이라
고도 말한다.

하나님께서 말씀이 있었느니라. 예수야, 내가 너를 잠들게

해 내 곁으로 너를 들어 올릴 것이니라.(『꾸란』 3:55)

하나님께서는 예수의 육신과 영혼을 함께 들어 올리셨느
니라. 그분은 완벽한 능력과 완벽한 지혜를 갖고 계시기
때문이니라.(『꾸란』 4:158)

「꾸란」에 기록된 예수의 죽음

『꾸란』은 예수의 십자가 사건을 어떻게 보았을까? 예수가
이스라엘 사람들 앞에서 기적들을 행하자 그 사람들은 예
수를 모함하며 살해하려 했다. 이처럼 유대인들이 예수를
살해하려는 음모를 꾸미자 하나님은 예수의 죽음을 막기
위해 계획을 세웠다.

하나님께서는 예수가 십자가에 못 박혀 죽도록 두지 않
았다. 예수를 음모해 살해하려 했던 가롯 유다Judas Iscariot
를 예수와 똑같은 형상으로 보이게 하자 유대 병사들이
유다를 예수로 착각하고 십자가에 못질해 살해했다고 했
다. 이와 같이 『꾸란』은 예수의 죽음에 대해 대체된 수난
설을 주장하면서 예수의 십자가 죽음을 부인한다.

네가 그들에게 기적을 행하매 이스라엘 자손들이 너를 음
모해 살해하려 했을 때 내가 이를 저지시켰느니라.(『꾸란』
5:110)

유대 병사들이 예수를 십자가에 못 박아 죽였다고 했지만 그 병사들은 하나님의 완벽한 능력에 의해 예수의 형상으로 보인 다른 자를 예수로 착각해 십자가에 못 박아 살해했다는 것이다. 이러한 이유를 들어 『꾸란』은 예수의 십자가 죽음을 부인한다.

그들은 마리아의 아들이며 하나님의 사도인 메시아 예수를 살해했다고 했으나 그들은 그를 죽이거나 십자가에 못 박지 못했느니라. 다른 자가 그들에게 예수와 유사한 형상으로 보이게 했을 뿐이니라. 이에 의견을 달리하는 자들이 있다면 그것은 의심에 불과할 뿐이며 그들은 아는 것이 없어 추측을 따를 뿐이라. 그들이 그를 죽이지 않았다는 것은 분명한 사실이니라.(『꾸란』 4:157)

알리 아쉬라프Syed Ali Ashraf가 한 책에서 예수의 사건을 다음과 같이 기술했다. "일부 이스라엘 사람들은 예수를 믿지 않았다. 그 사람들은 예수를 모함해 로마 통치자에게 거짓 보고를 하자 예수와 함께했던 유다라는 제자가 예수를 배반했다. 예수와 가장 가까이했던 제자 중에 성 바르나바Saint Barnabas가 이와 관련된 기록을 남겼다. 예수가 한 제자의 집에 머물 때 유다가 로마 병정들에게 밀고

하고 유다가 예수의 볼에 입맞춤할 때 예수를 체포하라고
했다.

유다가 예수를 찾아가 입맞춤을 하자 갑자기 방 안이
캄캄해지고 혼란스러워졌다. 곧 방안이 환해지자 로마 병
사들이 유다를 체포했다. 하나님의 능력에 의해 유다가
예수의 형상으로 보였기 때문이다. 유다는 자신이 예수가
아니라며 항의하고 변명했지만 병사들은 유다를 예수로
착각하여 가시 면류관을 씌운 후 이렇게 말했다.

'자 이제 당신이 유대인들의 왕이요.' 그러고는 유다
는 곧바로 교수형에 처해졌다. 예수 제자들은 정말 예수
가 처형당한 것인지 아닌지 혼란스러웠다. 제자 몇 사람
이 유다를 묻었다. 얼마 후 몇 제자들이 무덤을 파헤쳐 시
체를 멀리 옮겨놓은 후 유다가 하늘로 부활했다고 사람들
에게 말했다. 그러나 로마 병사들이 도착했을 때 하나님
은 이미 예수를 하늘로 들어 올리셨다. 이를 성 바르나바
가 쓴 그의 기록에서 이렇게 말하였다. '예수는 처형되지
않고 살아 있으며, 예수 어머니의 마음을 편안하게 하기
위해 천사들을 수행하고 나타나 예수가 살아 있다는 것을
보여주었다.'

한국인이 아랍 국가에 제출한 100문답에는 대체 수난
을 당한 자를 아스카리유티Al-Askariyuti라는 유대인으로 언

급하였다. 한편 하나님께서는 예수를 취해 자신 곁으로 들어 올리겠다고 약속하셨고, 이 약속에 따라 예수는 죽임을 당하지 않고 하나님의 전지전능한 능력에 의해 사흘 동안 잠들게 해 들어 올림을 받았다고 했다. 무함마드는 하늘 여행 중에 예수와 요한을 두 번째 하늘에서 만났다고 했다.

> 하나님께서 하셨던 말씀을 상기하라. 예수야, 내가 너를 잠들게 해 나의 곁으로 들어 올릴 것이라.(『꾸란』 3:55)

유대인들은 예수가 십자가에서 죽었으므로 자신이 하나님의 사도라는 예수의 주장이 거짓이라고 주장했다. 그런데 『꾸란』은 오히려 유대인들의 음모와 주장이 거짓이라고 반박하면서 심판의 날이 임박하면 예수가 하늘에서 내려와 유대인들의 주장이 거짓이었고 예수가 신성神性을 가진 존재가 아니라 단지 하나님께서 보낸 사도이자 한 인간이었다는 것을 밝힌 후 자연사해 하나님의 심판을 받게 된다고 했다.

성서의 백성들은 예수가 사망하기 전에 그를 반드시 믿어야 할 것이니라. 그는 부활의 날 그들에게 불리한 증인이

될 것이라.(『꾸란』 4:159)

　예수의 죽음에 대한 정확한 기록은 『꾸란』에서 발견되지 않는데, 이 때문에 자연사했을 것이라고 보는 학자들도 있다. 예수의 죽음을 부정하는 일부 이슬람 학자는 예수의 영혼과 육신이 아직 살아 있어 세상이 종말되기 바로 전에 재림할 것이라고 말한다. 그리고 가롯 유다에게 붙잡혀 십자가에 못 박혀 죽지 않았다는 사실을 증언하고 하나님의 심판을 준비하신 후, 부활 전날 사망할 것이라고 말한다. 즉 예수는 살해되지도 않았고 십자가를 지지도 아니했으며, 죽은 후에 부활한 것이 아니라 산 채로 들어 올림을 받았다는 것이 『꾸란』과 무함마드의 주장이다.

　믿음의 조상인 아브라함이 하나님의 명령대로 사랑하는 아들을 제단에 바치려고 하자 하나님께서는 양 한 마리를 보내 대체하게 하고 아들은 부모의 품 안으로 돌려보냈다. 그와 마찬가지로 예수 대신 예수를 배반하고 살해하려 했던 가롯 유다로 대체하고 예수는 하늘로 들어 올림을 받았으며, 다시 공정한 중재자로 재림한다는 것이다.

　사랑을 주는 자는 사랑을 받는 자를 저버리지 아니하며, 사랑을 받는 자는 사랑하는 자로부터 보호받을 권리가 있다. 이것은 피조물과 창조주 사이의 법칙이며 창조주의 속성으로부터 부여받은 인간의 본능이다. 신은 예수를 누구보다 더 사랑했으니 사랑하는 자를 저버리지 아니했으며, 누구보다 하나님의 사랑을 듬뿍 받은 예수는 사랑하는 분에게 보호받을 권리를 누리며 십자가에 못 박혀 죽지 않았다는 것이다. 그래서 무함마드는 예수가 재림하여 십자가를 부수어버릴 것이라고 말한다.

종교란
무엇인가
?

신의 안내로
천국으로 가는 계단

신의 안내로
천국으로 가는 계단

신이 사랑하는 사람은 누구인가

사람은 태어나 때가 되면 결혼하고 싶어 하고 결혼하면 자식을 두고 싶어 한다. 아이를 갖지 못한 부부는 매우 힘들어하는데, 특히 임신이 잘 되지 않는 여성이 아이를 갖고자 노력하는 모습은 보기 안쓰러울 정도다. 아이를 두고 싶은 마음이 인간의 본능이라고 말할 수 있다면 그 본능은 어디서 오는 것일까? 『꾸란』은 그 본능은 신이 내린 것이라고 말한다.

> 하나님의 성품Fitrah으로 인간을 창조하셨나니 하나님께서 지으신 본능에 따르라.(『꾸란』 30:30)

그렇다면 신은 왜 인간을 창조하면서 그런 본능을 주신

것일까? 신은 이에 대한 답으로 만물을 창조하고 인간을 지으신 목적이 자신을 경배하고 기쁘게 하는 데 있다고 말한다.

내가 인간과 영마Jin를 창조한 것은 나만을 섬기게 하기 위해서이니라.(『꾸란』51:56)

그렇다면 부모가 자식을 두는 목적을 무엇일까? 부모를 공경하고 기쁘게 하려고 자식을 두고자 하는 것일까? 그렇다고 대답할 사람은 아무도 없을 것이다. 자식을 두고자 하는 마음은 인간에게서 오는 것이 아니라 신을 경배하고 신을 기쁘게 하려고 신이 인간에게 내린 신의 본성에서 오는 것이기 때문이다.

하나님은 인간을 지으신 목적을 밝히면서 하나님을 경배하고 기쁘게 하는 방법과 하나님의 집으로 초대받을 수 있는 조건도 제시하였다. 경배하는 방법으로 허리 굽혀 받들고 엎드려 섬기라고 말한다. 이는 자식이 고개 숙여 인사하고 허리 굽혀 인사하며 엎드려 세배할 때 기뻐하는 부모의 마음과 같다.

무함마드는 하나님을 섬기는 것처럼 사람을 섬기지 말라고 했다. 이러한 이유로 무슬림은 사람에게 허리 굽혀 인사하지 아니하고 엎드려 절하지 않는다. 부모에게 엎드려 세배하지 않고 고인에게 엎드려 조의를 표하지 않고 조상에게 엎드려 절하지 않는다.

오직 하나님만을 사랑하는 것이 하나님을 기쁘게 하는 것이다. 사랑하는 대상자가 하나님 외에 또 있다면 그 것은 하나님에 대한 온전한 사랑이 아니며, 하나님께서도 그 사람을 온전하게 사랑하지 않는다.

"나는 너를 사랑해"라고 말하는 사람이 있다면 그 사람은 다른 사람도 사랑할 수 있다는 말이다. "나는 너만을 사랑해"라고 말하는 사람이 있다면 그 사람은 오직 그 사람 외에는 어느 누구도 사랑하지 않겠다는 뜻이다. 이러한 사랑을 싫어할 자가 어디 있을까. 예수를 하나님처럼 사랑하는 것은 하나님만을 사랑하는 것이 아니므로 하나님께 큰 기쁨을 주지 못한다. 무슬림들이 예수를 믿고 사랑하면서도 기독교인들처럼 예수를 구세주로 받들지는 않는 것은 바로 이 때문이다.

하나님의 존재를 인정하는 것이 하나님의 사랑을 받는 첫 번째 조건이다. 하나님의 존재를 인정하지 않는 자를 하나님께서 사랑할 리가 없다. 하나님의 존재를 인정하지 않는 자는 하나님도 그를 사랑하지 않는다.

석가모니가 자신의 존재를 인정하지 않는 자를 사랑할

수 있고 예수가 자신의 존재를 인정하지 않는 자를 사랑할 수 있을까? 인간 세계에서도 마찬가지다. 내가 상대방을 인정하지 않는데 상대방은 나를 인정할까? 내가 상대방을 사랑하지 않는데 상대방은 나를 사랑할까? 상대방에게 나의 존재를 인정받고 싶으면 내가 먼저 상대방의 존재를 인정하고, 상대방에게 사랑받고 싶으면 내가 먼저 상대방을 사랑해야 한다.

또 하나 하나님을 기쁘게 하는 것은 하나님이 바라는 업적을 쌓는 일이다. 놀고먹는 자식 좋아할 부모 없고, 실적 없는 사원을 사랑하는 사장은 없다. 하나님도 실적이 많은 자에게 포상한다고 했다. 무함마드도 실적이 좋으면 하나님의 초대를 받는다고 하면서 실적이 좋은 자가 하나님의 집에 초대받아 행복을 누린다고 말했다.

하나님의 집으로 초대받는 가장 큰 세 가지 조건은 하나님의 존재를 확신하고, 하나님을 기쁘게 하면서, 하나님이 원하는 실적을 쌓는 것뿐이다. 그 외에는 다른 방법이 없다. 예수를 통해서도 안 되고 무함마드를 통해서도 안 된다.

또한 부모의 실적이 자식의 책임을 대신할 수 없고 자식의 실적이 부모의 책임을 대신할 수 없다고 했다. 내가 다른 사람의 책임을 대신 짊어질 수 없고, 다른 사람이 나의 책임을 대신 짊어질 수 없다고 말씀하셨기 때문이다.

예수와 무함마드, 누가 구세주인가

『꾸란』에는 예수를 어떻게 묘사되어 있는가? 『꾸란』은 예수를 아담과 동일한 인간이라고 말한다. 석가모니나 예수 그리고, 무함마드 역시 인간이므로 다른 사람의 책임을 대신 짊어질 수 없다고 한 것이다.

> 예수도 흙으로 빚어 창조된 아담과 같으니라.(『꾸란』 3:59)

예수를 통하지 않고는 구원을 받을 수 없다는 『성경』의 내용과는 다를 수밖에 없다. 무함마드도 자기 자신은 한 인간에 불과할 뿐 구세주가 아니라고 했다. 무함마드는 부처나 예수처럼 경배 대상이 되는 것을 막기 위해 그 모습을 어떤 형태의 초상화로도 남기지 말라고 했다. 그 결과, 전 세계 어느 이슬람 성원이나 무슬림 가정에서도 무함마드 초상화를 찾아볼 수 없다.

구원의 매개체는 자신도, 예수도 아닌 바로 인간의 업적이라고 무함마드는 강조한다. 사람이 죽으면 세 가지를 남기게 되는데 그중 두 가지는 구원에 아무런 도움이 되지 못하고 오직 한 가지만 도움이 된다고 말했다. 고인이

210

남긴 가족이나 재물은 구원에 아무런 효용이 없으며 오직 살아 있을 때 쌓아둔 업적이 도움이 된다고 했다.

무함마드는 유대교인과 기독교인이 믿는 창조주는 동일하므로 그들에게도 구원의 문이 열려 있다고 했다. "다음 두 부류는 두 배의 보상을 받지요. 그들은 바로 모세를 믿는 유대교인들과 예수를 믿는 기독교인들입니다."

『꾸란』에서는 업적에 대한 증인이 자기 자신뿐이라고 한다. 무함마드가 보았던 그 두 눈이 증언할 것이요, 걸어갔던 그 두 다리가 증언할 것이요, 일했던 그 두 손이 증언할 것이며, 말을 했던 그 혀가 증언할 것이니 다른 증인이나 중재자도 필요 없다는 뜻이다.

그렇다면 이슬람교에서는 구원을 어떻게 보고 있을까? 말레이시아 이슬람 학자 압둘아지즈 살렘Abdulaziz Salem에 따르면 이슬람의 구원은 창조주에 대한 믿음과 업적뿐이므로 중재자의 구속, 또는 시간과 공간의 벽이 없이 모든 인간에게 열려 있다고 말한 바 있다.

석가모니가 자신을 인정하지 않는 자를 극락으로 들어오게 할까? 예수가 자신을 거부하는 자를 예수의 왕국으로 들어오는 것을 허락할까? 또한 하나님께서 자신을 부정하는 자를 하나님의 천국으로 들여보낼까? 석가모니의 극락세계를 여행하고 싶다면 석가모니의 안내를 받는 게

가장 이상적이고, 예수의 왕국을 여행하고 싶다면 예수의
안내를 따르는 게 가장 으뜸이며, 하나님의 천국을 여행
하고 싶다면 하나님의 안내를 받는 게 가장 빠른 길이 아
닐까.